# Minimalismo

*Suggerimenti e Strategie Facili per Pulire Casa, Organizzare la Mente e Fare Spazio a Gioia e Felicità*

**Liv Lindgren**

# Introduzione

Nel mondo moderno passiamo il tempo circondati da beni e siamo bombardati da marketing e pubblicità per comprare ancora di più. Ma la verità è che comprare più cose non porta gioia né felicità.

Al contrario: gli studi dimostrano che accumulare beni porta a stress, confusione mentale e a vivere circondati dal disordine e da cose che non si vogliono o non servono. Per fortuna esiste un percorso per riscoprire i valori della tua vita, ciò che è veramente importante e ciò che ti fa sentire veramente bene: il minimalismo.

Probabilmente la parola l'hai già sentita, ma circolano molti miti e idee sbagliate sul suo significato. Minimalismo non vuol dire semplicemente mettere via gli oggetti o disporre i beni in file ordinate, né vendere il computer portatile e traslocare in un tepee. Si tratta di affrontare il materialismo attraverso il riordino, pensando alle cose di cui si ha effettivamente bisogno e che si usano, nonché utilizzando tecniche come la mindfulness e il pensiero positivo per cambiare modelli di comportamento inutili e sfuggire da relazioni tossiche.

Milioni di persone hanno già cambiato la loro vita in meglio col minimalismo. Sei pronto ad essere più sano, più felice, più ricco e di maggior successo in tutto ciò che fai? Allora è il momento di scoprire che cosa il minimalismo può fare per te!

# IL TUO REGALO

Vorremmo farti un regalo per ringraziarti di aver acquistato questo libro. Puoi scegliere tra uno qualsiasi degli altri nostri titoli pubblicati.

Puoi avere accesso immediato a uno dei nostri libri cliccando il link qui sotto e iscrivendoti alla nostra mailing list:

https://campsite.bio/housepresspublishing

JOHN FANTE
MEMOIRS OF A GEISHA

# Indice

# Capitolo 1: inizia la ricerca dell'eccellenza rifacendo il letto

Molti vogliono mettere ordine nella loro vita, ma senza sapere da dove cominciare. Ecco un suggerimento: che ne dici di cominciare da come rifai il letto la mattina? All'inizio può sembrare un po' sciocco, ma se ci pensi bene in realtà ha molto senso.

La maggior parte delle organizzazioni militari iniziano l'addestramento non dal combattimento, ma insegnando ai soldati a portare eccellenza e indipendenza in tutto ciò che fanno, compreso il letto. Guarda i dormitori di una caserma militare qualsiasi e vedrai file di letti impeccabili. Ha importanza? Nel 2014 l'ammiraglio H. McRaven, nono comandante dell'U.S. Special Operations Command, ha tenuto un discorso all'università del Texas. Il titolo era *"Dieci lezioni di vita dall'addestramento dei Navy SEAL"*. La prima era: «*Se vuoi cambiare il mondo, comincia col rifarti il letto*».

L'ammiraglio McRaven ha spiegato che iniziare la mattina con qualcosa di buono dà un senso di realizzazione e fornisce lo slancio per il resto della giornata. È anche manifestazione di orgoglio e rispetto verso di sé attraverso l'azione sull'ambiente immediato. In fondo, se non ci preoccupiamo di rifare bene il letto, possiamo poi fare altro al meglio delle nostre capacità? Come ha detto McRaven, «*Se non riesci a fare bene le piccole cose, non farai mai bene quelle grandi*».

Se entrassi in una caserma e vedessi file di letti sfatti e oggetti sparsi, cosa proveresti nei confronti dell'unità? Saresti sicuro della disciplina, dell'orgoglio e della capacità di eseguire gli ordini in modo efficace? O avresti la sensazione che queste persone non si preoccupano e non sono interessate a fare del loro meglio? Lo stesso vale per la tua camera e la tua casa: riflette il tuo stato d'animo e la tua applicazione all'eccellenza. Disordine, piatti sporchi e letti sfatti non sono certo simbolo di desiderio di eccellenza.

Vale la pena soffermarsi un momento su ciò che intendiamo qui per eccellenza, e in particolare come questa differisce dalla perfezione. La perfezione è un concetto ideale, una cosa raramente raggiungibile nella realtà. L'eccellenza consiste nel fare il meglio che si può. La perfezione non è quasi mai raggiungibile. L'eccellenza si può e si deve perseguire in tutto ciò che si fa.

Perché non iniziare la ricerca dell'eccellenza rifacendo subito il letto? Sarà la prima azione del mattino, e darà il tono al resto della giornata. Rifare il letto ogni mattina non ti cambierà la vita, ma è un primo ed essenziale passo verso il raggiungimento di uno stato d'animo in cui si cerca di fare del proprio meglio in tutto. Se invece non lo rifai, se non te ne curi perché comunque a sera lo disferai di nuovo, stai impostando un approccio in cui non darai il meglio per il resto della giornata.

Cerca di fare dell'eccellenza un'abitudine, ma ricorda che le abitudini richiedono tempo per affermarsi. Le ricerche suggeriscono che bisogna compiere un'azione regolarmente per un periodo di tempo che va dai trenta ai novanta giorni prima che questa diventi un'abitudine. All'inizio rifare il letto richiederà riflessione e sforzo, ma dopo un po' diventerà un'abitudine, una cosa da fare senza pensiero cosciente. E vale per qualsiasi attività, non solo per il letto: devi essere disposto a concedergli tempo e impegno per far sì che nuovi comportamenti positivi diventino abitudini. Quante persone conosci che hanno cominciato a praticare ginnastica o a mangiare in modo sano solo per rinunciare e tornare alle vecchie abitudini dopo poche settimane? Se fai una cosa per un mese e poi ti fermi, tornerai ai tuoi vecchi modi di pensare. Se insisti fino a farne un'abitudine, diventerà parte della tua vita quotidiana.

Comincia ogni giornata rifacendo il letto nel miglior modo possibile. Inizia la ricerca dell'eccellenza con l'orgoglio di questa umile attività. Proprio come ha detto l'ammiraglio McRaven, ti preparerai ad applicare gli stessi standard elevati a ogni attività della giornata.

# Capitolo 2: cos'è il riordino?

Il riordino è una parte fondamentale del minimalismo; ma prima di parlare di cosa sia e come farlo, dobbiamo spiegare che cosa non è. Riordino non significa disporre con cura la miriade di beni in tuo possesso in file precise né sistemarli in scatoloni o armadi, e neanche organizzare o archiviare carte e oggetti vari. Queste sono azioni che si limitano a togliere dai piedi la roba, rendendola un po' più facile da trovare. Riordino significa pensare attentamente a ciò di cui si ha veramente bisogno e che si usa e far sparire tutto il resto dalla propria casa e dalla propria vita.

Il riordino dà risultati immediati; non solo si libera dello spazio, ma fa sentire mentalmente più concentrati e meno dipendenti dagli oggetti. Non è facile. Significa prendere decisioni su ciò di cui si ha bisogno e disfarsi di tutto il resto. Può essere difficile, ed è per questo che riordinare e far sparire gli oggetti dalla vista può sembrare molto più facile – quando si sistemano le cose così, non bisogna prendere decisioni difficili. Ma il riordino può cambiare la tua vita molto di più che organizzando gli oggetti. Molti riferiscono di sentirsi liberati da un peso quando mettono in ordine la loro casa. Anche tu puoi sentirti allo stesso modo.

Può sembrare un compito travolgente, quindi fa' un passetto alla volta. Scegli per esempio un cassetto, in casa o in ufficio. Esaminalo e sbarazzati di tutto ciò che non usi. Come ti senti? Pensaci; puoi applicare gradualmente la stessa tecnica a tutto il tuo ambiente?

**Una casa più grande non serve**

Molti si trasferiscono in una nuova casa perché sentono che quella attuale è troppo piccola. Ma in molti casi il problema non è la mancanza di spazio, è che lo spazio esistente è pieno di cose, per la maggior parte usate raramente o mai. Se ti trasferisci in un posto più grande per questi motivi e porti tutte queste cose con te, probabilmente non passerà molto prima che anche la nuova casa inizi a starti stretta!

Molto più efficace è riordinare e rimuovere dalla casa tutte le cose che non si usano. Sarai allora improvvisamente in grado di utilizzare completamente gli spazi prima dedicati all'immagazzinamento, e scoprirai che la casa attuale ha più spazio di quanto pensavi. Il riordino può cambiare completamente la percezione che hai del luogo in cui vivi, e farti finalmente capire che non hai davvero bisogno di una casa più grande.

## Perché abbiamo così tante cose?

Abbiamo tutti familiarità con il *comfort food*: quando siamo infelici o insicuri, mangiamo cibo che ha un buon sapore, anche se spesso non è molto sano. Sul momento mangiare un gelato o un po' di biscotti o un hamburger ci fa sentire meglio, ma presto ci sentiamo gonfi, e continuando così accumuleremo peso extra, il che ci farà sentire anche peggio. Il *comfort food* può sembrare allettante, ma non fa che dare sollievo a breve termine, probabilmente a spese di questioni a lungo termine.

Non è solo al cibo che le persone si rivolgono in cerca di conforto. Quando siamo giù facciamo anche acquisti, sempre a caccia di questo slancio di felicità a breve termine. Ma proprio come le calorie, questi oggetti si accumulano e nel tempo ci danneggiano. Ci ritroviamo in una casa piena di tutto, da vestiti e scarpe mai indossati a elettrodomestici e gadget mai usati. E allora ci vogliono tempo e spazio per sistemare e pulire, e ben presto non si riescono più a trovare le cose in uso, tra tutte quelle che non si usano mai.

Cominci a non avere più spazio, ma non riesci a liberarti di tutta quella roba inutile perché un giorno potrebbe servirti e non riesci a dimenticare che comprarla ti ha fatto sentire bene. Basta: c'è qualcosa di più prezioso di tutta quella roba – lo spazio. Se esamini i tuoi beni, probabilmente scoprirai che ne usi solo uno su dieci. Se ti sbarazzi del resto, scoprirai improvvisamente di avere molto spazio in più. Spazio che potresti anche arrivare ad amare tanto quanto una volta amavi le cose di cui ti sei liberato.

**Cosa ci fa comprare cose di cui non abbiamo bisogno?**

Un tempo, prima della rivoluzione industriale, gli oggetti venivano valutati più che altro in base alla loro durata. Erano relativamente costosi, e ci si aspettava che durassero. Poi, durante il diciannovesimo secolo, le cose sono cambiate. Si cominciò a produrre merce in massa a costi relativamente più bassi. Per la prima volta, la gente comune cominciò ad accumulare cose che non usava sempre. Ma gli oggetti per la maggior parte erano ancora abbastanza duraturi.

Questa situazione è durata praticamente fino alla seconda metà del ventesimo secolo. Fino ad allora, i produttori di automobili o grandi elettrodomestici, come lavatrici o televisori, miravano alla migliore qualità possibile. Un'auto del 1950 poteva essere ancora perfettamente funzionante vent'anni dopo. Ma le grandi corporazioni avevano bisogno che i consumatori comprassero prima che gli oggetti vecchi si consumassero, e fu allora che la pubblicità iniziò davvero a diventare una scienza.

Invece di essere venduti per il loro uso, gli oggetti cominciarono a essere pubblicizzati per aspetti intangibili, come le sensazioni che danno e, forse più importante, le sensazioni che in teoria gli altri avrebbero provato nei nostri confronti. Il risultato fu che non si comprava un'auto nuova perché la vecchia era logora, ma perché la nuova ci faceva stare bene e impressionava amici, colleghi e vicini.

La pubblicità ha cominciato a usare le neuroscienze per farci sentire vulnerabili, mancanti di qualcosa. Il prodotto veniva pubblicizzato per soddisfare questo bisogno artificialmente creato. Il tutto combinato con l'idea che i beni possano migliorarci la vita: se solo avessi avuto una nuova macchina (o un vestito o un paio di scarpe o altro) gli altri ti avrebbero rispettato di più, il sesso opposto ti avrebbe trovato più attraente e saresti diventato più felice. Si è creato un falso collegamento tra beni e soddisfazione – collegamento che non è mai sparito.

Ora siamo costantemente bombardati da messaggi che ci dicono che l'ultima auto o il telefono o le scarpe da corsa ci renderanno felici. Solo che ovviamente non è così, e in parte perché una volta che abbiamo per le mani l'ultima novità presto questa viene sostituita da qualcosa di ancor più desiderabile. Siamo tenuti in un costante stato di desiderio per l'ultimo oggetto migliore, e questo significa che finiamo per avere un sacco di oggetti utilissimi che non usiamo più perché li abbiamo sostituiti con qualcosa che percepiamo come più desiderabile.

Se vuoi veramente vivere una vita minimalista, devi imparare a ignorare gli allettamenti pubblicitari. Devi imparare a riconoscere che possedere più cose non ti renderà necessariamente felice, attraente o rispettato: si tratta solo di un messaggio creato dalle grandi corporazioni per mantenere in attivo i profitti. Devi capire che la felicità non si compra; viene dal vivere una vita in accordo con i propri valori interiori. Il minimalismo consiste nel riconoscere questo concetto, ma anche nel trarne un beneficio diretto. Spendere grandi quantità di denaro per l'ultima novità va a vantaggio delle aziende che queste novità le vendono, ma rischi di indebitarti o comunque di sperperare i soldi in cose di cui non hai veramente bisogno. Minimalismo non significa possedere una determinata quantità di oggetti, né vendere o dar via tutto ciò che possiedi ora. Significa semplicemente imparare a concentrarsi su ciò di cui si ha veramente bisogno, invece che su ciò che ci viene detto da altri.

### Da dove viene tutto questo?

Nel mondo sviluppato, è generalmente riconosciuto che abbiamo tutti troppo. In parte è frutto della pubblicità. Compriamo un telefono nuovo perché è cool, e anche se quello che abbiamo funziona bene. Amiamo quello nuovo, ma non riusciamo a liberarci del vecchio. Invece di venderlo o darlo via o semplicemente smaltirlo, lo conserviamo. Applichiamo questo sistema a tutte le nostre cose, e ben presto ci ritroviamo a comprare nuovi scatoloni per conservare oggetti che non useremo mai più ma di cui non riusciamo a separarci. Ma perché?

La ragione più comune è quella del *"non si sa mai..."*. Pensiamo che potremmo avere bisogno di qualcosa in futuro, quindi decidiamo di tenerla. Magari tieni il telefono vecchio nel caso in cui non si potesse usare quello nuovo. Poi scopri di avere un intero cassetto pieno di telefoni, caricabatterie e relativi accessori vecchi. Fatti una domanda: hai mai dovuto usare uno di quei vecchi telefoni? E allora perché tieni tutta questa roba?

A volte ci piace conservare cose come ricordi di esperienze piacevoli. Tutti abbiamo visto case piene di oggetti acquistati in vacanza. Tutti abbiamo ricevuto regali che non vogliamo veramente ma che ci ricordano la gentilezza delle persone che ce li hanno donati. Ma abbiamo davvero bisogno di conservare tutto quando abbiamo già i ricordi delle esperienze?

Compriamo determinati oggetti perché crediamo alla pubblicità che ci dice che ne abbiamo bisogno, anche se in realtà non è così. Compriamo un gadget perché la pubblicità ci fa credere che sia indispensabile, e poi non lo usiamo mai. Oppure compriamo cose perché crediamo che ci renderanno più popolari, attraenti, rispettati e poi scopriamo di essere la stessa persona di sempre nonostante le nuove cose.

C'è una gamma apparentemente infinita di posti da cui possiamo prendere questi oggetti, dal normale shopping ai negozi online come Amazon, eBay o Gumtree. Se vuoi davvero riordinare, fa' un passo indietro e guarda obiettivamente ciò che hai già e ciò che potresti essere tentato di comprare. Come regola generale, tieni solo ciò che usi regolarmente. Liberati di tutto ciò che non usi, e se compri qualcosa di nuovo assicurati che sia una cosa da usare regolarmente e liberati della vecchia versione.

**Inizia il tuo viaggio di riordino**

Tutti abbiamo visto i programmi televisivi sugli accumulatori, ovvero le persone che riempiono di spazzatura casa fino a renderla quasi inabitabile. Sono esempi estremi, ma la verità è che tutti noi accumuliamo, e non è mica una buona idea. Una casa disordinata e ingombra non solo è brutta, ma è anche un luogo in cui raramente riusciamo a trovare ciò di cui abbiamo veramente bisogno, viste tutte le cianfrusaglie che ospita. La buona notizia è che non è necessario vivere così.

Pensa alla casa vacanza o all'hotel. Generalmente c'è solo il necessario: asciugamano, sapone, shampoo e vestiti al minimo. La vita è più semplice perché non siamo circondati dal disordine dovuto alle cose che non si usano. Ora immagina di applicare la stessa etica non solo alle vacanze, ma a tutta la vita. Non ti sembra allettante? Diversi studi dimostrano che i bambini spesso giocano sempre con gli stessi giocattoli, pochi, anche se ne hanno molti di più tra cui scegliere. Da adulti facciamo lo stesso, e accumuliamo un sacco di cose che non usiamo mai.

Per quanto allettante possa sembrare il riordino, bisogna anche riconoscere che non sarà facile. Molte delle cose che possediamo rappresentano speranze e aspirazioni, anche se non le usiamo mai. L'attrezzatura sportiva che giace inutilizzata nell'armadio rappresenta la fantasia di fare più esercizio e rimettersi in forma. Sbarazzarsene significa riconoscere di non averla mai usata, che probabilmente non la userai mai e che i tuoi sogni di diventare bello sono solo sogni. Venire a patti con questo è difficile ma essenziale. Finché quella roba è nell'armadio, puoi illuderti di fare qualcosa per la tua forma fisica. Se la elimini, non puoi più nasconderti dietro a questo concetto e devi affrontare la realtà per quella che è. Non è sempre piacevole, ma a lungo termine è molto più sano e positivo che ingannare se stessi.

Questo bagaglio emotivo può rendere il riordino una sfida, ma a volte è solo la dimensione pura del compito che ci ferma. Da dove cominciare? A volte pare che la roba si moltiplichi a caso negli armadi e nei cassetti fino a quando improvvisamente arriviamo al punto da non riuscire a farci stare altro. In quel momento il riordino può sembrare scoraggiante. Be', come dice il proverbio cinese, *"un viaggio di mille miglia inizia con un solo passo"*. L'unico modo per impostare lo slancio è iniziare, non importa dove o con cosa. Scegli una stanza, un armadio o anche un cassetto e mettilo in ordine. Se vedi di non avere abbastanza spazio per preparare il pranzo per via della troppa roba, inizia dalla cucina. O se ti ritrovi a dover spostare roba in bagno per fare la doccia, magari è quello un buon punto da cui iniziare...

Usa un quaderno per registrare i progressi del tuo viaggio di riordino. Prendilo piccolino in modo da portartelo dietro facilmente e annota come ti senti mettendo in ordine il tuo primo armadio. E la prima stanza. E la seconda... Scrivi come ti senti quando dai le borsette in beneficenza o le ricicli. Scrivi come ti senti davanti a tutto lo spazio finalmente libero e pianifica cosa farne. Le ricompense sono fattori importanti del comportamento umano; quelle del riordino sono soddisfazione e contentezza.

# Capitolo 3: il riordino fa bene

Nel 2016 un team dell'università del New Mexico ha intrapreso insieme alla professoressa di marketing Catherine Roster uno studio dettagliato sulla relazione tra un ambiente domestico disordinato e la soggettiva sensazione di benessere. Roster e la squadra hanno studiato adulti con problemi di disordine da lievi a moderati attraverso *The Institute for Challenging Disorganization* (ICD), un'organizzazione non-profit volta ad aiutare persone con problemi di organizzazione e disordine. I risultati sono stati sorprendenti: non solo un ambiente domestico disordinato inibisce l'attività fisica, ma lo studio ha anche scoperto che la cognizione e i sentimenti di sicurezza e soddisfazione migliorano con il riordino. Il rapporto ha concluso che *«il disordine è spesso una conseguenza insidiosa e solo apparentemente innocua del desiderio naturale delle persone di appropriarsi degli spazi personali attraverso i propri oggetti»*. Ma ha notato che il disordine può *«rischiare di intrappolare fisicamente e psicologicamente una persona in ambienti domestici disfunzionali che contribuiscono al disagio personale e a sentimenti di spostamento e alienazione».*

In breve, questo e altri studi dimostrano che una casa disordinata probabilmente riduce i sentimenti di sicurezza e di attaccamento. Tuttavia ci sono altri fattori direttamente collegati. Se la cucina è disordinata, è meno probabile cucinare, e si rischia di ricorrere a malsane opzioni d'asporto. Tra il disordine possono accumularsi polvere e muffa, magari contribuendo a problemi respiratori tra cui asma e bronchite. Il disordine fornisce anche stimoli cerebrali. Nel mondo moderno siamo costantemente bombardati da informazioni cui il disordine non fa che aggiungersi. Troppi stimoli aumentano lo stress e riducono la soddisfazione.

Il disordine può giungere anche per posta. Uno studio della National Association of Professional Organizers ha rilevato che l'americano medio riceve circa cinquantamila lettere nel corso della vita. Di cui uno sbalorditivo cinquanta per cento è spazzatura indesiderata! Opuscoli e cataloghi indesiderati e inutilizzati si aggiungono al disordine senza fornirci nulla di utile.

Gli stessi identici problemi valgono per il posto di lavoro. Un ufficio pieno di scartoffie accatastate su ogni superficie disponibile non sarà mai un luogo produttivo. Le scartoffie sono per la maggior parte non più necessarie, e se venissero rimosse diventerebbe improvvisamente molto più facile trovare ciò che conta davvero. Tutti noi conosciamo la sensazione di sapere che, da qualche parte, c'è un documento cruciale. E tutti noi conosciamo lo stress della ricerca tra risme di carta non essenziali.

Il buon senso e svariati studi concordano sul fatto che il disordine ci nuoce in molti modi. Alcuni sono ovvi (aumento dello stress e riduzione della sicurezza e della produttività) ma altri meno, come la quantità di tempo trascorsa a cercare oggetti perduti.

**Dove l'ho messo?**

Gli studi indicano che una casa media statunitense contiene più di trecentomila oggetti. E che ne usiamo regolarmente solo meno del venti per cento. Non c'è da stupirsi che passiamo così tanto a cercare cose! Uno studio del 2017 ha evidenziato che l'americano medio trascorre almeno due giorni e mezzo all'anno alla ricerca di oggetti smarriti, costando alla nazione circa due miliardi e settecento miliardi di dollari annui nella sostituzione di oggetti che sono solo temporaneamente fuori posto, e portando una persona media a spendere l'equivalente di un anno della propria vita alla ricerca di cose perdute.

Immagina cos'avresti potuto fare di quell'anno se non fossi stato alla ricerca del telecomando della tv, degli occhiali o delle chiavi… cos'avresti potuto fare con quel tempo? Scrivere il libro di cui parli sempre, intraprendere viaggi spettacolari o migliorare la forma fisica. Invece hai buttato tempo e fatica a frugare nel disordine alla ricerca di cose perse!

Col riordino non solo recupererai il tempo perduto, ma ti accorgerai di essere meno stressato perché non dovrai chiederti dov'è l'importantissimo documento dell'assicurazione o il passaporto svanito: sarai in grado di localizzarli rapidamente, perché non dovrai cercare tra pile di roba non essenziale. Riordino significa tenere solo gli oggetti essenziali e organizzarli in modo da sapere dove si trova tutto. Dà un grande senso di pace, e fornisce anche tempo extra da dedicare a ciò che vuoi veramente fare.

**Il riordino fa sì che i soldi vadano più lontano**

Dimmi se ti suona familiare… la batteria di una torcia, diciamo, smette di funzionare. Sai di averne una di ricambio da qualche parte, ma dopo una rapida ricerca non riesci a trovarla, così vai in negozio a comprarne un altro pacco. Inserisci la batteria nuova nella torcia e poi, quando vai a riporre il resto del pacco per il futuro, scovi un cassetto pieno di pacchi di batterie usate a metà. Se facessi un po' di ordine, saresti in grado di trovare la batteria più facilmente. Risparmieresti tempo ma anche denaro, un beneficio spesso trascurato del riordino.

Naturalmente tutto questo non si applica solo ad articoli di basso costo come le batterie. Molte persone acquistano una cosa nuova solo perché non riescono a trovare l'esemplare già in loro possesso. E non vale solo per gli individui, ma anche per le imprese. Un rapporto pubblicato sul *Wall Street Journal* ha calcolato che le imprese statunitensi arrivano a spendere fino al venti per cento del loro intero budget per sostituire oggetti smarriti o per duplicare cose già in loro possesso.

E non è questo l'unico modo in cui il riordino può far risparmiare. Pagare le bollette in ritardo può generare tasse pesanti, ma le cifre dimostrano che fino a un quarto di queste tasse sono sostenute semplicemente perché le persone non trovano la fattura e se la sono dimenticata. Sprechiamo denaro anche per pagare depositi di cui non si ha bisogno. Il business dei magazzini in affitto per oggetti che in casa non ci stanno vale quaranta miliardi di dollari ogni anno solo negli Stati Uniti. I rapporti mostrano che una famiglia americana su dieci spende mille dollari all'anno in magazzini. Se le persone facessero più spazio con il riordino, non avrebbero bisogno di affittare spazio extra.

**Il riordino ti mette sotto controllo**

Un costrutto psicologico chiamato *locus of control* descrive il nostro modo di relazionarci col mondo. In termini molto semplici, indica che ci sono due tipi di persone: quelli che credono di avere il controllo della loro vita (locus of control interno) e quelli che credono che la loro vita sia controllata da forze e influenze esterne (locus of control esterno). In generale, le persone con un locus of control interno sono più felici, più sane e di maggior successo.

Non sorprende che queste tendano anche a mantenere il loro ambiente immediato in ordine. È logico: il disordine distrae, distoglie l'attenzione dalle cose importanti. Quando nell'ambiente c'è disordine, si ha sempre la fastidiosa sensazione di aver perso qualcosa o di aver lasciato qualcosa di incompiuto, e non si presta piena e totale attenzione al compito in questione.

Anche la creatività può soffrire, se siamo circondati dal disordine. Uno studio del 2011 dell'università di Princeton ha scoperto che i nostri sensi possono ritrovarsi sopraffatti davanti a troppe cose da guardare. Se organizzi lo spazio di vita e lavoro, stai già facendo il primo passo per rimetterti al comando.

**Il riordino elimina lo stress**

Lo stress ci fa ammalare. Infatti, e secondo i Centri statunitensi per il controllo delle malattie, le fatture mediche sono dovute per la maggior parte a condizioni legate allo stress. Esistono anche solide prove che il disordine contribuisce a causarlo, lo stress, anche se forse non ne sei consapevole. Studi dimostrano che il novanta per cento degli americani concorda che una casa o un ambiente di lavoro disorganizzato hanno un effetto negativo sul benessere generale. Il sessantacinque per cento dice che il disordine ha un effetto negativo sulla salute mentale. Il quarantatré che demotiva, il che porta a sentimenti di depressione. Uno studio pubblicato nel 2010 nel *Personality and Social Psychology Bulletin* evidenzia che le persone che descrivono le loro case come disordinate esibiscono livelli più alti di depressione e fatica, oltre a ridotte capacità di coping.

Lo stesso studio ha dimostrato che in ambienti disordinati le persone registrano livelli elevati del cortisolo, l'ormone dello stress, che viene rilasciato nel sangue dalle ghiandole surrenali. Questa sostanza generalmente è legata al riconoscimento e alla gestione delle minacce, ma questo e altri studi dimostrano che può venire rilasciato anche in risposta a un ambiente disordinato.

Quindi, il disordine causa stress. Il riordino è la migliore terapia possibile per affrontare e ridurre lo stress. Oggetti smarriti, ritardi, bollette e appuntamenti mancati contribuiscono tutti allo stress e all'ansia. Tutte cose riducibili o eliminabili semplicemente tramite il riordino e l'organizzazione. Già solo eliminando le cose indesiderate dall'ambiente di casa e di lavoro sarai in grado di vedere più chiaramente ciò che devi fare, e sarai motivato ad agire in proposito.

**Il disordine fa ingrassare e ammalare**

Sembra che esista un legame diretto anche tra disordine e sovrappeso. Nel libro *Lose the Clutter, Lose the Weight*, Peter Walsh sostiene che le persone che vivono in case disordinate hanno il settantasette per cento di probabilità in più di essere in sovrappeso rispetto a chi vive in un ambiente ordinato. La cosa pare confermata dai risultati di uno studio del 2017 pubblicato su *Environment and Behavior*, che ha scoperto che le persone dal regime alimentare disordinato e disorganizzato hanno molte più probabilità di essere tentate da cibi elaborati ad alto contenuto calorico e ad alto contenuto di grassi.

Altre conseguenze dello stress indotto dal disordine includono mal di testa, problemi digestivi e intestinali, pressione sanguigna più alta, minore libido, maggiore rischio di malattie cardiache e un sistema immunitario soppresso. Nel complesso, tutte le prove indicano fortemente che il riordino di ogni aspetto della vita ti renderà non solo più felice, ma anche più sano.

## Il disordine inibisce il sonno

Forse non te ne rendi conto, ma dormire in una camera da letto disordinata è più difficile che in una camera ordinata e organizzata. Una camera disorganizzata è vista dal nostro cervello come un "lavoro da fare", anche se non ne siamo consapevoli. Passiamo fino a un terzo della nostra vita in camera, e più a lungo il disordine si accumula più grande diventa il senso di colpa inconscio perché non agiamo in proposito. La colpa a sua volta aumenta lo stress, e lo stress è uno dei più noti killer del sonno.

Un buon sonno è essenziale per il nostro benessere generale, e quindi organizzare la camera da letto dovrebbe essere in cima alla lista delle priorità di riordino.

## La casa disordinata influenza le relazioni

La National Association for Professional Organizers (NAPO) ha condotto un sondaggio su oltre mille persone chiedendo quanto tempo ci vuole per prepararsi a ospitare una cena. Uno sbalorditivo dieci per cento degli intervistati ha detto che non potrebbe mai farlo, perché la casa è disordinatissima. Il sessanta per cento ha ammesso di avere una casa tanto disordinata che ci sarebbero volute almeno quaranta ore prima di poter accogliere ospiti!

Sei tra loro? O non inviti gente a casa perché hai paura di un persistente odore di pipì di gatto? O perché la cucina è piena di piatti non lavati?

Riordino non significa trasformare casa in un'abitazione da showroom . Basta chiedersi una cosa: come ti sentiresti se adesso arrivassero ospiti inattesi? Se la risposta è "in imbarazzo", non è che sia ora di fare qualcosa?

Avere una casa in cui non si ha paura di invitare ospiti è un prerequisito fondamentale per delle relazioni efficaci. Forse non darai mai una cena, ma se la casa è ordinata e organizzata almeno potrai invitarci le persone a cui tieni.

**Puoi diventare un esempio di riordino per la tua famiglia**

I bambini imparano dall'ambiente in cui crescono tanto quanto da ciò che gli viene detto. Se la casa è caotica e disordinata, stai dicendo ai tuoi figli che non hai il controllo. È quindi meno probabile che ti rispettino, e ancor meno probabile che ascoltino i tuoi consigli. In termini più semplici, se cresci bambini in una casa disordinata, loro penseranno che è così che le case devono apparire, ed è molto più probabile che vivano essi stessi in un ambiente disordinato.

Dalle informazioni contenute in questo capitolo si evince chiaramente che l'ordine rende più sani, più felici e meno propensi a sprecare denaro. Tutte grandi cose da trasmettere ai figli, ma il fatto puro e semplice è che non importa ciò che gli dici se prima non agisci tu. Puoi esaltare i benefici del riordino e dell'organizzazione quanto vuoi, ma se i bambini ti vedono vivere in una casa disordinata e disorganizzata, non ti ascolteranno.

Diventa un esempio per i tuoi figli riordinando. Una volta vista la differenza, saranno molto più propensi ad adottare le tue stesse abitudini. Riordina non solo per te, ma per tutta la famiglia.

# Capitolo 4: pronti, partenza… riordino!

Ok, così adesso sei convinto dei vantaggi del riordino, e guardando alla tua casa disordinata e sovraffollata puoi quasi visualizzarla pulita, ordinata, accogliente. Ma ci sono alcune cose a cui pensare prima di iniziare.

**Sappi perché lo fai**

Riordinare non è facile. Ci vogliono tempo e sforzo per sbarazzarsi di tutti i beni inutili che ti appesantiscono. Quindi prima di iniziare bisogna essere chiari sul perché.

Puoi ridurre lo stress assicurandoti di sapere dove sono le cose, in modo da trovarle facilmente. Puoi ridurre ulteriormente lo stress mettendo tutto in ordine – ricorda : una stanza disordinata inconsciamente ci stressa perché il cervello la vede come un lavoro incompiuto. Già questi sono ottimi motivi per riordinare, ma forse vuoi anche rendere casa tua un posto in cui invitare gli amici senza vergognarti o semplicemente uno spazio di cui essere orgogliosi… Le ragioni per cui stai iniziando questo processo sono personali, ma prima di iniziare concediti del tempo per pensare agli obiettivi. La concentrazione su ciò che vuoi ottenere ti renderà molto meno incline a rinunciare.

Pensa anche all'eccellenza. Ricordi che all'inizio del libro abbiamo parlato di rifare il letto meglio che puoi? Hai intenzione di impegnarti nell'eccellenza oltre che nel riordino? E come? Rifacendo il letto per prima cosa ogni mattina? Ti assicurerai di avere tutto ciò di cui hai bisogno bello e in ordine per il giorno dopo prima di andare a letto? Ti assicurerai che i piatti siano lavati e riposti prima di andare a letto? Pensa ai cambiamenti che puoi apportare per inserire l'eccellenza nella tua vita e migliorare casa con lo stile di vita del riordino.

**Le foto del prima**

La casa disordinata probabilmente ha un aspetto tanto orribile che non vuoi nemmeno guardarla, figuriamoci fotografarla. Ma è proprio quello che devi fare prima di iniziare. È fin troppo facile dimenticare quant'erano disordinate le cose, e le foto ti ricorderanno quanto lavoro hai fatto e ti motiveranno a continuare.

**Pensa a come rimanere motivato**

Le foto del prima e del dopo sono un ottimo modo di ricordare i progressi fatti. Magari però hai anche bisogno di pensare ad altri modi per motivarti all'inizio del viaggio di riordino... La triste verità è che la maggior parte della gente è brava a iniziare le cose, ma molto meno a portarle a termine. Cosa puoi fare per assicurarti di raggiungere i tuoi obiettivi di riordino?

Prova a spezzettare i compiti. Trova un compito da completare in un'ora, o anche solo in dieci minuti. Riordina un solo mobile invece di cercare di completare un'intera stanza in una volta sola. Portare a termine anche solo un piccolo compito ti farà sentire bene e sarà molto più facile continuare. Un piccolo progresso porterà a più progressi!

Rendi divertente il riordino ascoltando podcast o musica. Ascolta speaker motivazionali e musica. Resta concentrato sugli obiettivi. La visualizzazione della stanza finita e svuotata è una buona ragione per proseguire. Concediti ricompense regolari per il riordino – un po' di tempo per la lettura di una rivista, per un giochino sul telefono o di navigazione su Facebook solo al completamento di un compito.

Ricorda che il riordino richiede tempo. Per la maggior parte delle persone ci vuole molto per completare la riorganizzazione di una casa disordinata e ingombra. Non è realistico pensare di riordinare rapidamente. È un viaggio. Mantieniti concentrato sulla destinazione a mano a mano che fai progressi.

# Capitolo 5: fare del riordino una sfida

Ora che hai una discreta idea dei benefici del riordino, è il momento di agire. Anzi: è il momento di mettersi alla prova con una sfida di trenta giorni!

Allora, niente errori: non prenderti più di trenta giorni. Devi però suddividere quello che altrimenti può sembrare un problema insormontabile in compitini gestibili di trenta giorni. Il come dipende da te. Qual è la stanza più disordinata della casa? Quale zona disordinata ti irrita di più? Ti va di iniziare con una di queste? Se ti sembra troppo, comincia con un posto un po' più facile. Non importa l'ordine con cui decidi di affrontare le cose; l'importante è iniziare. Subito. Una volta completato con successo il primo segmento di trenta giorni, sarai entusiasta dell'intera prospettiva del riordino e molto più incline a passare al resto della casa.

**Passo 1: il piano.**

Decidi su quale spazio cominciare a lavorare. Vuoi affrontare prima la zona peggiore? Potrebbe darti la fiducia necessaria ad affrontare quelle meno impegnative, ma non sarebbe magari meglio iniziare da qualcosa di più facile? Sii chiaro sui tuoi obiettivi. Vuoi solo ridurre il disordine e la confusione, vuoi rendere casa uno spazio più gradevole per gli ospiti o vuoi essere in grado di trovare facilmente i vestiti al mattino? Sapere perché lo stai facendo è un ottimo modo per rimanere motivati.

**Passo 2: la lista.**

Ora che hai deciso da quale spazio iniziare, fai una lista dettagliata delle cose da fare e pensa a come completarla in trenta giorni. Si tratta di creare una pianificazione dettagliata – spezzetta le cose da fare in compiti separati in modo da poterli spuntare man mano che li completi. Decidi quando, nel corso dei trenta giorni, eseguire ogni compito. Sii logico nell'ordinare i compiti – non ha senso riordinare l'armadio finché non hai esaminato i vestiti e scartato tutto ciò che non indossi regolarmente.

**Passo 3: l'azione!**

Ora è il momento di fare effettivamente tutte le cose elencate. È molto importante rispettare il piano e realizzare ciò che ti sei prefissato di fare entro trenta giorni. Ti stancherai, e il riordino richiede quasi sempre più tempo di quanto si pensi, ma ne vale davvero la pena. Rimarrai stupito da quanto il riordino ti farà sentire meglio e, una volta riordinato uno spazio della casa, scoprirai che sarai entusiasta di lavorare sul resto.

**Fase 4: mai mollare!**

Ora che hai uno spazio ordinato, sobrio e piacevole, mantienilo così! Impegnati all'eccellenza a mantenere le cose ordinate e pulite. La gente comincerà a notarlo, e invece di stancarti solo a guardare tutto il disordine che hai intorno, sarai pieno di energia, entusiasta e in possesso del controllo. Perché è su questo che si basa in realtà il riordino: riprendere il controllo della vita assumendo prima il controllo dell'ambiente immediato. Non saranno più gli oggetti o il disordine a dominare il tuo pensiero. Sarai invece pronto a prendere il comando, non solo nel riordino della casa ma in ogni aspetto della vita.

# Capitolo 6: il riordino, stanza per stanza

Ora che sei pronto a iniziare, è il momento di lavorare sulla casa con consigli di riordino per ogni zona. Ovviamente non tutti i consigli si applicano a chiunque – scegli quelli che funzionano per te e sono adatti a dove vivi. Ci vorrà un po' per lavorare su ogni spazio della casa. Fai un piano, non cercare di fare troppo in una volta sola e suddividi le incombenze in compiti più piccoli. Ricorda che una volta finito ti sentirai molto meglio!

**Ingresso**

Case e appartamenti diversi hanno ingressi diversi, ma dallo scopo uguale: l'ingresso è lo spazio che varca chiunque arrivi a casa tua, e generalmente è anche il luogo dove si lasciano vestiti e altri oggetti che non si vogliono portare all'interno dell'abitazione. È anche il primo spazio che vedrà chi entra in casa; una grande occasione per fare una prima impressione buona, ovvero ordinata e organizzata.

Salvo ingressi vasti, dovresti puntare a mobili poco ingombranti e molto funzionali, e non a qualcosa di pesante o molto decorato. Ogni oggetto dell'ingresso dovrebbe servire a uno scopo, vale a dire contenere gli oggetti dei residenti e dei visitatori fino a quando non sono pronti ad andarsene. Qui cerca di evitare librerie o molti ornamenti: è un posto in cui si passa, non ci si ferma.

- Sistemaci appendini per cappotti, sciarpe, cappelli, zaini, ecc. Sistemaci anche gancetti per le chiavi di casa e dell'auto, i guinzagli dei cani. Stabilisci la regola per chiunque di lasciare qui questi oggetti.

- Prevedi uno spazio dove riporre oggetti bagnati o sporchi, come ombrelli, tute e scarpe.

- Fornisci un deposito per guanti e borse e altri oggetti che le persone possono avere appresso.

- Se l'ingresso è buio o cupo, pensa a dipingerlo di un colore luminoso. Prendi in considerazione anche uno specchio – non solo ingrandirà e illuminerà lo spazio, ma si rivelerà anche utile quando indossi i cappelli, ecc.

## Soggiorno

Il soggiorno si chiama così per una buona ragione: è il luogo della casa dove trascorriamo gran parte della giornata. È dove la famiglia si rilassa e si intrattiene, così come un luogo di lavoro o usato per pranzi e cene. Fortunatamente, è abbastanza semplice da riordinare.

- Comincia rimuovendo tutto ciò che non gli appartiene. Stivali, scarpe e abbigliamento da esterni dovrebbero avere posto nell'ingresso. I piatti e le stoviglie appartengono alla cucina. Apri la posta e smaltiscila, se indesiderata, o riponila nel luogo appropriato.

- Affronta qualsiasi zona disastrosa – luoghi in cui viene accumulata tutta la roba che non riesci a gestire. Risolvi il problema: sbarazzati di ciò che si può e riponi il resto nel posto giusto.

- Compra dei contenitori e usali per conservare giocattoli, cuscini, oggetti per gli animali e per i bambini.

- Trova un unico posto per conservare i telecomandi. Mettili lì quando non vengono usati.

- Lo stesso per caricabatterie e cavi del telefono: trova un posto dove riporli quando non vengono usati e assicurati che lì vengano rimessi dopo l'uso.

- Crea un posto per conservare riviste e giornali e sistemali lì quando non vengono letti.


**Camere da letto**

Le camere possono essere uno dei luoghi più disordinati e ingombri, ma organizzare questi spazi è importante e può anche aiutare a dormire. Prima di iniziare, rimuovi tutto ciò che non appartiene al luogo. Attrezzi da ginnastica, telefoni e caricabatterie e il telecomando della televisione dovrebbero tutti avere un posto loro, che probabilmente non è la camera da letto. Mettili in ordine. Se in camera ci sono cose che non usi, eliminale. Solo quando ciò che è rimasto appartiene sicuramente alla camera, inizia il riordino.

- Trova un posto dove riporre le lenzuola. I vecchi cassetti possono rivelarsi utili – usali per le lenzuola e infilali sotto al letto.

- Metti in ordine il comodino. Se è coperto da libri o riviste, togli la roba già letta e sistema quella in lettura nel cassetto insieme agli occhiali, se necessario. Se ci sono farmaci inutilizzati o oggetti come fazzoletti scartati, pulisci. Tieni sul comodino solo ciò che ti servirà per la notte.

- Se hai una toletta, tienila in ordine. Scegli un luogo per i cosmetici e altri prodotti e tienili lì. Sbarazzati dei mucchi disordinati di collane appendendole individualmente su una lavagna a pioli. Impila ordinatamente i braccialetti su un portasalviette di carta. Evita di perdere gli orecchini sistemandoli su un vassoio per cubetti di ghiaccio.

- Compra un'ottomana e sistemala ai piedi del letto. Usala per conservare gli oggetti che non hanno altro posto.
- Scegli un posto per la biancheria sporca. Se hai poco spazio, prendi un cesto da appendere dietro alla porta.
- Piega e organizza bene i vestiti. Scegli un posto per ogni tipo di abito e tienili lì. Uno dei benefici del riordino consiste nell'essere in grado di trovare le cose facilmente, vestiti inclusi.

**Armadio**

Gli armadi sono una gran fonte di disordine. Molte camere risultano disordinate per via degli abiti che traboccano dall'armadio; il riordino di questo spazio può essere molto gratificante. Ma ancor prima di iniziare a pensare di riordinare l'armadio, rovistaci dentro e scarta tutto ciò che non indossi più. Una regola (semplice): se non indossi un capo da un anno o più, non importa quanto ci tieni! Scartalo, vendilo, donalo, quello che vuoi, basta che lo tiri via dall'armadio.

- Aumenta lo spazio utilizzabile aggiungendo cestini e divisori per scaffali.
- Aggiungi un'ulteriore barra appendiabiti. Se dopo aver scartato tutti i vestiti che non indossi ancora non hai abbastanza spazio, aggiungine una seconda. Metti queste barre il più in alto possibile, per lasciare al di sotto spazio per cestini o scarpiere.

- Usa grucce di buona qualità. Quelle vecchie di filo metallico non solo hanno un brutto aspetto, ma si piegano e si aggrovigliano facilmente. Comprane invece di metallo, aperte, di buona qualità. Hanno un aspetto migliore e sono effettivamente più facili da usare.

- Appendi dei cesti dietro alle ante e usali per conservare borse, guanti e altri piccoli oggetti.

- Compra una scarpiera. Per le scarpe con i tacchi, avvita un portasciugamani sul retro dell'anta. Appendi gli stivali su una scarpiera apposita appesa alla barra.

- I maglioni sono ingombranti. Piegali e mettili in una scarpiera da appendere.

- Se hai uno spazio libero sulla parete, fissa un portasciugamani e usalo per riporre cinture, sciarpe, ecc.

- Aggiungi dei ganci da doccia a una gruccia e usali per appenderci le sciarpe.

- Tieni organizzata la biancheria intima riponendola in scatole da scarpe.

- Se hai spazio, infila la toletta e lo specchio all'interno dell'armadio.

**Bagno**

Il bagno è un'altra zona spesso soggetta a disordine e confusione. Riordinarlo ti aiuterà a prepararti più rapidamente al mattino e a renderlo più attraente per gli ospiti.

- I cassetti sono spesso ingombri di qualsiasi tipo di oggettino, tra cui spazzole, pettini e accessori per capelli. Per risparmiare tempo e non star lì a rovistare in cerca di quello che vuoi, usa un organizzatore di utensili da cucina nei cassetti.

- Le attrezzature per capelli, come fon, piastre e bigodini, possono essere riposte sul pavimento, in un portariviste.

- I vecchi contenitori per perline sono ottimi per conservare il trucco. Se non ne hai, pensa all'acquisto di un porta trucchi apposito.

- I barattoli di smalto per unghie possono essere conservati in biscottiere o, per un effetto colorato, collocati in porta spezie avvitati al muro.

- Disponi i rossetti in piccole teglie per pagnotte o muffin.

- Il profumo può essere esposto e conservato su un'alzata per dolci a due livelli.

- Tieni i prodotti di pulizia fuori dalla vista mettendoli tutti in un secchio di plastica sotto al lavandino.

- Tieni tutte le medicine e le forniture di primo soccorso insieme nello stesso posto. Puoi attaccare dei piccoli contenitori all'interno delle porte degli armadietti e usarli per conservare farmaci e cose come cerotti e bende. Assicurati che tutti in casa sappiano dove sono conservate le medicine e le scorte del primo soccorso.

- Mantieni le superfici della toletta e del lavandino il più possibile sgombre. Se proprio non hai spazio per riporre tutto fuori dalla vista, esponi solo gli oggetti più attraenti.

- Organizza gli asciugamani per dimensione, set e colore. Piegali e disponili in cassetti, scatole o scaffali.

**Cucina**

Le cucine sono un'altra grande fonte di disordine. Prima ancora di iniziare, rovista nei cassetti e nelle credenze e identifica tutto ciò che non usi. Ci sono utensili di cui non hai bisogno? Vecchi libri di cucina a cui non fai più riferimento? Sii spietato: butta o da' via tutto ciò che non usi regolarmente. Non dimenticare il forno – spesso ci buttiamo dentro ogni sorta di roba solo perché non riusciamo a pensare a cos'altro farne. Tieni solo gli oggetti che usi regolarmente.

- Appendi un vecchio contenitore da doccia all'interno dell'anta di un armadio e usalo per conservare cose come cipolle e peperoni.

- Usa cestini metallici per le lattine – puoi impilarle in modo sicuro all'interno del cestino riuscendo comunque a leggere le etichette. Usa cestini anche per conservare i taglieri.

- Un vecchio vaso di fiori può essere usato per conservare gli utensili dai manici lunghi.

- Svuota i prodotti in scatola, come riso o cereali, in contenitori ermetici di plastica trasparente per guadagnare altro spazio.

- Conserva i sacchetti di plastica, la carta stagnola e l'involucro di plastica in portariviste di carta.

- Appendi i prodotti per la pulizia a una guida sotto il lavandino.

- Non lasciar accumulare ogni settimana i sacchetti di plastica. Conserva solo cinque borse grandi e dieci piccole e ricicla il resto. Conservali in una vecchia scatola di fazzoletti o in un cartone del latte, puliti e con la parte superiore tagliata, pronti per l'uso.

- Mantieni il lavandino e i piatti in ordine. Non lasciar accumulare stoviglie e utensili sporchi. Impilali nella lavastoviglie o lavali e mettili via.

## Lavanderia

Le lavanderie generalmente sono piccoline e dallo spazio limitato, ma è sempre possibile riordinare! Sistema degli scaffali o appendi una rastrelliera dove tenere i detersivi in ordine. Pensa ad aggiungere una scarpiera appesa sul retro della porta, e utilizzala per gli apparecchi. Puoi anche installare dei ganci per cappotti sul retro della porta e appenderci l'asse da stiro.

## Sala giochi

La stanza in cui giocano i bambini sarà probabilmente piuttosto disordinata per la maggior parte del tempo, ma puoi comunque migliorare la situazione creando ulteriore spazio.

- Quando i bambini buttano per terra i giocattoli, incoraggiali a farlo sopra a un vecchio tappetino o una coperta – così sarà molto più facile raccoglierli al momento di riporli.
- Installa una scarpiera sul retro della porta da usare per bambole, action figure e accessori.
- Appendi un'amaca al soffitto o in un angolo e usala per i peluche.
- Installa delle mensole e usale per i giochi da tavolo.
- Usa un vecchio carrettino per i libri preferiti.

**Ufficio**

Se in casa hai uno spazio ufficio, devi tenerlo organizzato.

- Elimina tutte le vecchie cartelle e prenditi invece dei raccoglitori colorati. Usa i colori per identificare ciò che vi conservi – per esempio, il rosso per le bollette da pagare, il verde per le bollette pagate e il blu per i documenti domestici essenziali, come assicurazioni e contatti per i servizi di emergenza e riparazione.
- Se la scrivania trabocca di graffette, elastici, penne, post-it, ecc., appendi un portaspezie alla parete e usalo per conservare gli oggetti da ufficio.

**Garage**

In molti si ritrovano a usare il garage come deposito, costringendo così l'auto nel vialetto. È una follia – sicuramente l'auto, costosa, è meglio tenerla in garage al posto di tutta quella roba che non usi ma che non vuoi buttare via, no? Prima di iniziare a riordinare, esamina tutto ciò che c'è nel garage e butta, regala o dona tutto ciò che non usi da un anno o più. Poi, puoi iniziare a organizzare ciò che resta.

- Palloni da basket, pallavolo, calcio e in generale di tutti i tipi sono difficili da conservare, e spesso finiscono per rotolare sul pavimento. Usa una rete e delle corde elastiche per rinchiudere tutte le palle in un angolo.
- Conserva dadi e bulloni in un portaspezie montato sul muro.

- Usa delle scatole per muffin con scomparti separati per conservare tutti i chiodi, i perni, i fissaggi per le pareti e altri pezzi vari che si trovano sparsi per il garage.

- Metti un portasciugamani alla parete, fissaci dei ganci da doccia e usalo per appendere gli attrezzi.

**Auto**

Ok, non è proprio una stanza, ma l'auto è uno spazio che usi regolarmente, e anch'essa può beneficiare del riordino. Proprio come ogni altro spazio, prima di iniziare esamina e rimuovi tutto ciò che non usi. La guida di viaggio che vegeta nel portaoggetti da tre anni probabilmente non verrà riutilizzata a breve, quindi liberatene!

- Procurati dei supporti a rete adatti allo schienale dei sedili anteriori e usali per conservare acqua, snack, fazzoletti e disinfettante per le mani.

- Usa un contenitore di plastica per contenere oggetti come tazze e giocattoli.

- Assicurati di avere nell'auto i numeri di contatto per i servizi di soccorso, recupero e assicurazione, e informa tutti gli adulti della loro ubicazione.

- Assicurati di avere giubbotti riflettenti, triangoli di avvertimento, torce elettriche e qualsiasi altra cosa necessaria per essere al sicuro nel caso di un guasto.

- Assicurati di avere tutti gli strumenti necessari per cambiare una ruota.

- Non dimenticare il bagagliaio: è uno dei posti preferiti per tenere le cose fuori dalla vista, ma hai davvero, davvero bisogno di quella latta mezza vuota di olio per tosaerba?

# Capitolo 7: pulizia ecologica

Quando ti sarai sbarazzato di tutti gli oggetti inutilizzati di casa, questa sembrerà molto più grande e spaziosa di prima. Ora che ha un bell'aspetto, avrai voglia di mantenerlo tale – la pulizia e il riordino dovrebbero diventare parte della tua routine quotidiana e un elemento della tua ricerca dell'eccellenza. Tuttavia, molti prodotti per la pulizia che si acquistano in negozio contengono sostanze chimiche dannose che possono influenzare sia la salute sia l'ambiente. La buona notizia è che non è necessario usarli – la pulizia con prodotti naturali è altrettanto efficace e molto meno dannosa.

**Perché evitare i prodotti del negozio**

Hai mai usato un prodotto per la pulizia e ti sei poi ritrovato con gli occhi lucidi e il naso che cola? La maggior parte di noi sì, e tendiamo a credere a ciò che dice la pubblicità: solo prodotti chimici potenti puliscono in modo sicuro ed efficace. Ma è ovvio che prodotti e aggeggi come spray e deodoranti potrebbero non essere sicuri! L'Agenzia statunitense per protezione dell'ambiente (EPA) ha condotto una serie di studi in più di seicento case, scoprendo che l'inquinamento dell'aria interna è uno dei più gravi problemi di salute negli Stati Uniti. Le concentrazioni di più di venti composti tossici erano fino a cinquecento volte più alte all'interno che all'esterno. Parte del problema è che le case sono ora più efficientemente sigillate per promuovere l'efficienza energetica, ma questo significa che tutto ciò che usiamo all'interno rimane nell'aria molto più a lungo.

Alcuni fra i composti tossici scoperti dallo studio sono spaventosi, e sono stati collegati a varie forme di cancro e persino a difetti di nascita. Residui di più di quattrocento sostanze chimiche tossiche sono stati trovati nel sangue dei soggetti del test, e l'esposizione a questi può causare prurito agli occhi, mal di gola, mal di testa, stanchezza, vertigini e persino infezioni respiratorie. I bambini sono particolarmente vulnerabili, e l'esposizione a lungo termine può aumentare il rischio di cancro così come di danni al fegato, ai reni e al sistema nervoso centrale. Molte di queste sostanze si trovano nei comuni prodotti per la pulizia. Per esempio:

- Lo spray disinfettante Lysol include una sostanza chimica chiamata "ortofenilfenolo" (OPP). La ricerca ha scoperto che può essere associato ai tumori alla vescica.
- L'Ajax Cleanser include "silice cristallina", che può causare irritazione alla pelle, agli occhi e ai polmoni.
- L'Ortho Weed Killer contiene "diclorofenossi", associato a linfoma, cancro e sarcoma dei tessuti molli.

Mantenere pulita la casa appena sgombrata è un obiettivo positivo, ma introdurvi concentrazioni di sostanze tossiche è chiaramente una cattiva idea. Per fortuna esistono un sacco di alternative naturali che faranno tornare tutto pulitissimo senza gli effetti potenzialmente dannosi dei prodotti di pulizia del negozio. Quella che segue è una guida stanza per stanza alla pulizia ecologica che non ti causerà problemi di salute.

**Soggiorno**

I cuscini del divano possono essere una bella fonte di odori e macchie sgradevoli, soprattutto se ci si mangia e se si hanno animali domestici. Per fortuna si puliscono facilmente, ma prima di iniziare c'è un altro passaggio: verificarne l'etichetta. Se vedi la lettera W (sta per "acqua", il che significa che i detergenti a base di acqua possono essere usati in modo sicuro), si possono pulire da soli. Se c'è altro (X o S, per esempio), pulirli da soli potrebbe rovinare il divano; potresti aver bisogno di un professionista. Una cosa utile da verificare anche al prossimo acquisto di un divano! Se possiamo pulirli da soli:

- riempi un secchio d'acqua calda ma non bollente e aggiungi mezza tazza di aceto bianco e un cucchiaino di lievito in polvere;
- mescola fino ad amalgamare il lievito;
- immergi una spugna nella miscela e poi strizza il liquido in eccesso. Pulisci la superficie dei cuscini con una spugna. Quando hai finito, mettili contro a una parete ad asciugare, ma assicurati di mettere un rotolo da cucina pulito o della carta assorbente tra loro e la parete;
- pulisci il resto del divano allo stesso modo, smontandolo se possibile;
- lascia asciugare all'aria il divano e i cuscini e assicurati che siano completamente asciutti prima di rimettere a posto i cuscini.

Se gli odori di animali domestici sono un forte problema, togli i cuscini e lasciali il più a lungo possibile ad asciugare all'aria. Quando sono completamente asciutti, sbattili con un battitappeto o un bastone – per rimuovere molti dei depositi di sale lasciati dall'urina. Se l'odore persiste, cospargi il divano di bicarbonato di sodio, lascialo così per una notte e al mattino passaci l'aspirapolvere.

Con i mobili in pelle il procedimento è un po' diverso. Crea una miscela composta da due terzi di olio d'oliva e un terzo di aceto bianco in un contenitore con un coperchio ben chiuso. Agita vigorosamente per mescolarla e poi versane un po' su un panno asciutto e pulito e usalo per lucidare la pelle.

**Sala da pranzo**

Il tavolo da pranzo è il centro della stanza, ma col tempo si può sporcare e graffiare. Per fortuna si può anche sistemare e pulire, e senza usare prodotti chimici dannosi.

**Come ridurre i graffi:**

- trova una noce intera all'incirca dello stesso colore del tavolo – sono ottime per svariate macchie scure;
- strofinala delicatamente sul graffio, seguendone la direzione;
- immergi un batuffolo di cotone o un tampone nello iodio e strofinalo delicatamente sul graffio;
- ripeti fino a quando il colore del graffio non corrisponde a quello del tavolo.

**Come pulire il tavolo da pranzo:**

- riempi una grande ciotola d'acqua calda e aggiungi mezza tazza di aceto bianco;
- immergi un panno di cotone nel liquido e strizzane l'eccesso;
- pulisci.

**Come pulire un tavolo di vetro (o qualsiasi altra superficie di vetro):**

- aggiungi un cucchiaio di aceto bianco, una tazza di alcol e una tazza d'acqua in una bottiglietta spray;

- agita vigorosamente;

- spruzza sul vetro e usa un panno privo di lanugine per pulirlo.

**Bagno**

I bagni hanno bisogno di pulizia frequente. Tutta la famiglia usa questa stanza ogni giorno, ed è un posto che anche gli ospiti possono vedere, quindi è meglio che sia sempre pulito. Muffa, odoracci e scarichi intasati sono tutte incombenze sgradevoli, ma la buona notizia è che nemmeno qui sono necessari prodotti chimici potenzialmente dannosi.

**Come pulire l'interno della toilette:**

- mescola mezza tazza di aceto bianco con un cucchiaio di bicarbonato di sodio in una ciotola;

- versa il contenuto nella tazza, assicurandoti che arrivi sui bordi;

- lascialo lì per almeno trenta minuti e poi strofina la tazza con lo scopino prima di tirare lo sciacquone.

**Come pulire l'esterno della toilette:**

- crea una miscela composta da una parte di bicarbonato di sodio, una di aceto bianco e tre di acqua;

- metti il tutto in un flacone spray e agita bene per mescolare;

- spruzza tutte le superfici esterne della toilette e lascia agire per almeno dieci minuti;

- usa un panno umido per ripulire la miscela ed eventuali altre macchie.

**Rimozione del calcare dal gabinetto:**

se il calcare è al di sopra la linea di galleggiamento, è possibile raschiarlo delicatamente con un coltello da burro o da tavola, anche se bisogna fare molta attenzione a non graffiare la superficie dello smalto. Se è al di sotto, si può immergere vigorosamente lo scopino del water nell'acqua diverse volte per abbassarne il livello. Se il calcare persiste al di sotto del livello dell'acqua, usa una tazza per svuotare il wc dell'acqua rimanente e poi raschialo via. Oppure, a wc vuoto, versaci dentro una tazza di aceto bianco, lasciala agire tutta la notte e al mattino strofina e tira lo sciacquone.

**Rimozione del calcare dal lavandino:**

raschia accuratamente i depositi di calcare con un vecchio coltello da burro o da tavola, poi pulisci il lavandino con un panno umido. Per i depositi ostinati, prepara una miscela composta da una tazza di acqua frizzante e una di aceto. Stendi la pasta risultante sul lavandino e lascia agire per almeno un'ora, poi risciacqua e pulisci.

**Rimozione del calcare dal soffione della doccia:**

aggiungi due tazze di aceto bianco a un secchio d'acqua. Rimuovi il soffione della doccia, lascialo nel secchio per una notte e poi risciacqua con acqua pulita. È anche un buon modo di pulirlo a fondo.

**Rimuovere gli avanzi di sapone:**

- crea una pasta mescolando bicarbonato di sodio e detersivo per piatti;
- immergi una spugna o un panno nella miscela e usala per strofinare via gli avanzi di sapone, poi risciacqua e pulisci la zona.

**Rimozione della muffa:**

la muffa è un problema in molte aree del bagno, e tenerla a bada può essere un problema. L'approccio migliore è mettere dell'aceto bianco in una bottiglia spray e poi spruzzarla liberamente. Aspetta che si asciughi e poi spruzza di nuovo, e usa immediatamente un panno umido per rimuovere la muffa. Potrebbe essere necessario ripetere l'operazione diverse volte per rimuoverla completamente. Per prevenirne la formazione, spruzza le aree interessate con una miscela di acqua e aceto bianco ogni giorno.

**Pulizia dello scarico del lavandino:**

- indossa i guanti e rimuovi i capelli o qualsiasi altra cosa blocchi lo scarico;
- versaci all'interno tre quarti di tazza di bicarbonato di sodio, e poi mezza tazza di aceto;
- metti un tappo e lascia agire per trenta minuti;
- fa' bollire un po' d'acqua, togli il tappo e versala nello scarico.

**Pulizia dell'esterno del tubo di scarico della toilette:**

- immergi un panno umido nell'aceto e usalo per strofinare il tubo;
- per le macchie ostinate, avvolgi un panno imbevuto di aceto intorno al tubo, lascialo in ammollo per trenta minuti e pulisci l'esterno del tubo di scarico del wc come descritto sopra per lo scarico del lavandino.

**Pulizia della tenda della doccia:**

per le macchie leggere e la muffa, spruzza con una miscela di acqua e aceto e poi passa con un panno umido. Per le macchie più difficili, immergi una spugna nell'acqua e poi cospargila di bicarbonato di sodio e usala per strofinare la tenda. Se le macchie sono particolarmente brutte, porta la tenda all'esterno, stendila e strofinala con una miscela di aceto bianco e bicarbonato. Se fallisce tutto, metti la tenda in lavatrice, aggiungi bicarbonato di sodio e lavala con degli asciugamani per aiutare a rimuovere le macchie ostinate.

**Pulizia degli specchi:**

- spruzza lo specchio con acqua calda e sapone;
- asciuga l'acqua con un pezzo di giornale o la pagina di una rivista;
- asciuga lo specchio con un altro foglio di carta.

**Pulizia della vasca:**

- crea una miscela composta da una parte di aceto, una di bicarbonato e una di acqua;
- immergi una spugna nella miscela e poi usane il lato duro per strofinare la vasca;
- sciacquala con acqua pulita.

**Camera da letto**

Cambia la biancheria da letto una volta alla settimana e le federe due. Lava il piumone una volta al mese.

**Pulizia di lenzuola e copriletto:**

- per prima cosa, verifica sull'etichetta le istruzioni di lavaggio: se metti lenzuola di seta o raso in lavatrice le rovini; probabilmente avranno bisogno di essere lavate a secco;

- se hai un letto king size, considera di portare le lenzuola in lavanderia per il lavaggio; le normali lavatrici domestiche faticano a pulire bene i capi molto grandi;

- per le macchie ostinate sulle lenzuola di cotone, metti succo di limone sulla macchia prima di riporre il lenzuolo in lavatrice.

**Pulizia delle coperte:**

le coperte raccolgono polvere e possono essere un gran problema per gli allergici. Stendile, passaci l'aspirapolvere e poi lasciale arieggiare prima di metterle in lavatrice.

# Capitolo 8: guadagnare col riordino

La buona notizia è che sbarazzarsi di tutta la roba che non serve più o che non si usa più ti farà sentire meglio con te stesso e con la tua vita. La notizia invece ottima è che potresti fare un po' di soldi vendendo tutte le cose che non hai più intenzione di tenere.

Un sondaggio del 2007 condotto da Nielsen Customized Research per conto di eBay ha scoperto che una famiglia media statunitense possiede più di cinquanta oggetti inutilizzati del valore di più di tremila dollari. Un altro sondaggio indica che la principale risoluzione del nuovo anno per molte famiglie statunitensi è il risparmio di denaro, eppure il settanta per cento delle famiglie americane ha meno di mille dollari in banca. Non è complicato vedere che il riordino può aiutarti a risparmiare, sia attraverso il risparmio per magazzini sia vendendo oggetti che non si usano più.

Molti di noi quando pensano al riciclaggio pensano a carta e vetro, ma la vendita degli oggetti indesiderati che abbiamo in casa può dare loro una nuova vita e fornire a noi contanti. Perché non impostare un'altra sfida di trenta giorni? Stavolta sarà di vendere entro trenta giorni tutte le cose di cui hai deciso di sbarazzarti dopo la prima sfida dei trenta giorni, quella del riordino. Tutto ciò che non si vende entro questo periodo verrà buttato o donato.

Ci sono molti posti dove vendere o pubblicizzare le cose di cui sbarazzarsi, ma ecco alcuni consigli generali su come fare l'affare migliore e trasformare la spazzatura in denaro.

## Prima di vendere

**Fa' qualche ricerca.** Nel 2015 una famiglia dell'Arizona stava pulendo il garage della casa di un parente anziano quando trovò un dipinto addossato a una parete. Non sembrava particolarmente impressionante, e quasi lo gettarono via. Per fortuna non l'hanno fatto, perché si è scoperto che era dell'artista americano Jackson Pollock e valeva ben quindici milioni di dollari! La maggior parte di noi non sarà tanto fortunata da trovare un dipinto di valore durante il riordino, ma è meglio avere un'idea chiara del valore di qualsiasi oggetto si voglia vendere. Usa siti come eBay e Amazon o la pubblicità locale per scoprire quanto vengono pagati oggetti simili. Proponi un buon prezzo… ricorda che in assenza di una vendita, entro trenta giorni il pezzo va buttato o donato.

**Scrivi una descrizione accurata e utile.** Che tu stia vendendo su un sito di aste on-line o attraverso un giornale locale, devi descrivere chiaramente l'oggetto per i potenziali acquirenti. Assicurati di fornire una descrizione accurata, includendo il produttore e qualsiasi modello o numero di articolo, se appropriato. Se ha difetti come scheggiature o graffi, assicurati di menzionarli. Se si tratta di un articolo elettronico, verifica che funzioni correttamente e menzionalo nella descrizione. Se ha difetti o problemi, menziona anche quelli e cerca di includere nell'inserzione almeno una fotografia chiara scattata su uno sfondo semplice.

**Occupa lo slot di prima serata.** I siti di aste online hanno orari in cui gli articoli tendono a vendere meglio. Per esempio, è improbabile attirare tanta attenzione durante una giornata lavorativa – spesso quando si è al lavoro non si può accedere ai siti e fare offerte. La maggior parte dei siti riporta maggior successo di vendite tra le diciannove e le ventuno, ma magari fa' qualche ricerca per vedere quali orari funzionano meglio sulla piattaforma che decidi di usare.

**Cosa puoi vendere?**

E la risposta è: qualsiasi cosa! È però probabile che alcuni oggetti siano più facili da vendere, quindi ecco una rapida guida sugli usati più popolari.

I **vestiti** sono popolari in molti siti di e-commerce, tra cui eBay, Amazon e Etsy. È stato stimato che fino a due miliardi di dollari di vestiti inutilizzati e non indossati intasano gli armadi delle donne solo negli Stati Uniti! Le griffe sono sempre popolari, ma anche gli articoli delle migliori marche e l'abbigliamento vintage vendono bene. Anche l'abbigliamento di nicchia, come i vestiti Goth e Cyber, può portare soldi.

Anche l'**elettronica** è popolare sui principali siti commerciali di internet, nonché sui siti specializzati come Amazon, Newegg e eBay. Puoi mettere in vendita qualsiasi cosa, ma oggetti come vecchie fotocamere digitali, computer portatili e desktop, telefoni, iPod, ecc. si vendono particolarmente bene. Prova tutti i dispositivi elettronici prima di pubblicizzarli, e sii chiaro e onesto nella descrizione – non lesinare dettagli su eventuali difetti.

Anche gli **elettrodomestici**, come frigoriferi, forni a microonde e condizionatori, sono molto richiesti. Dimensioni e mole possono renderli difficili da vendere on-line, ma nella maggior parte delle zone esistono compagnie energetiche e associazioni di beneficenza che raccoglieranno il tuo vecchio elettrodomestico gratuitamente, alcune anche pagandoti se l'articolo funziona.

Si possono vendere anche **mobili**, attraverso i soliti siti on-line ma anche con le rivendite in garage, i negozi di consegna e i centri di antiquariato.

Anche i **gioielli** tendono ad accumularsi, o perché non interessano più o perché un pezzo viene associato a ricordi negativi. La buona notizia è che esistono siti specializzati in cui vendere tutto ciò che non si vuole più. Siti come _Never Liked It Anyway_ e _I Do Now I Don't_ pagano bene per pezzi di qualità.

Si possono vendere anche **libri**, tascabili compresi. Cose come i libri di testo attuali sono sempre molto popolari, ma si può vendere praticamente qualsiasi cosa, dai vecchi libri di cucina all'ultimo romanzo romantico. Usa siti come Amazon o eBay per vendere libri online, o visita la tua libreria del posto per scoprire se è interessata a comprare qualcuno dei tuoi titoli.

**Dvd e cd** sono ormai meno popolari a causa della disponibilità di servizi di streaming on-line, ma è ancora possibile trovare acquirenti per vecchi film e musica che se ne stanno a raccogliere la polvere in un angolo. Siti web come Amazon sono ottimi per valutare la roba e trovare acquirenti.

Gli **strumenti musicali** non passano mai di moda, e durano davvero a lungo. Se hai strumenti musicali inutilizzati, puoi venderli attraverso siti on-line o portarli ai banchi dei pegni o ai negozi di musica, che spesso pagano molto bene oggetti in buone condizioni.

Alla **carta regalo** non si pensa mai, ma un recente studio indica che ogni anno solo negli Stati Uniti non vengono riutilizzate carte regalo per un valore di settecentocinquanta milioni di dollari! Se ne hai di ancora valide ma che difficilmente userai, controlla se puoi venderle online o regalarle ad amici e familiari.

## Dove vendere

La **vendita on-line** è un ottimo modo per vendere gli oggetti indesiderati
semplicemente perché si può raggiungere un numero enorme di potenziali
clienti in modo rapido e facile. Già solo eBay ha oltre centottanta milioni di
utenti in tutto il mondo, oltre il settanta per cento dei quali negli Stati Uniti.
Altri siti come Amazon, gruppi Facebook e Etsy sono ottimi per raggiungere
potenziali acquirenti della tua zona. La maggior parte di questi siti ti
permette di pubblicizzare oggetti gratuitamente, e l'iscrizione
generalmente è semplice e diretta. Uno dei vantaggi di questo tipo di
vendita è che si può proporre solo il ritiro, il che significa che non dovrai
preoccuparti di imballare o pagare spese di spedizione. Tieni però a mente
questi consigli, se stai vendendo on-line:

- non dare mai il tuo indirizzo né altre informazioni personali in un
  annuncio;

- non dare il tuo numero di telefono né la tua email – comunica con
  gli acquirenti attraverso il sistema di messaggistica interno al sito
  utilizzato;

- se includi delle foto, assicurati che non mostrino nomi di strade,
  numeri di casa, targhe o membri della famiglia;

- se possibile, per consegnare l'oggetto e ricevere il pagamento
  incontra l'acquirente in un luogo pubblico e sicuro;

- se l'oggetto è troppo grande da portare appresso, mettilo nel
  garage o nello spazio d'ingresso, in modo che il potenziale
  acquirente veda il meno possibile della casa;

- molti siti includono profili e feedback per gli acquirenti – se un potenziale acquirente non ha un profilo o se ha un feedback negativo, forse è meglio aspettarne un altro;

- fidati dell'istinto; se un potenziale acquirente ti innervosisce, rinuncia.

Se l'idea di usare grossi siti internet non ti mette a tuo agio, puoi sempre pubblicizzare i tuoi oggetti attraverso i social, così da offrirli solo a familiari e amici.

Le **rivendite in garage** sono estremamente popolari in America, e costituiscono un ottimo modo di vendere oggetti indesiderati. Ogni anno negli Stati Uniti le persone ospitano fino a nove milioni di vendite in garage, per un fatturato totale di quasi due miliardi di dollari. È fondamentale informare la gente della rivendita – prepara un semplice volantino e lascialo nelle cassette delle lettere e alle fermate degli autobus della zona. Esponilo in tutti i negozi locali che lo consentono e includi luogo, ora e qualche cenno sugli oggetti in vendita. Considera la possibilità di combinare la tua rivendita con quella dei vicini, per farne una più grande. L'unico eventuale svantaggio di questo tipo di vendita è che gli acquirenti si aspettano occasioni, quindi probabilmente non otterrai i prezzi migliori per le tue cose. Il vantaggio è però che si venderà di più, e si può decidere in anticipo che tutto l'invenduto verrà immediatamente destinato alla donazione o all'eliminazione.

I **negozi dell'usato** vendono per conto di terzi. In genere prendono in carico gli articoli e li espongono per un periodo prestabilito o fino a quando non vengono venduti. Quando vendono, tu ricevi la percentuale concordata (dal quaranta al settantacinque per cento) sul prezzo di vendita. I vestiti sono molto popolari, specialmente se vintage; generalmente terranno in consegna i tuoi articoli per un massimo di novanta giorni. Se restano invenduti, puoi riprenderti l'articolo o permettere al venditore di scontarlo. Se restano ancora invenduti, il negozio può accettare di donarlo a un ente di beneficenza a tuo nome.

I **banchi dei pegni** comprano determinati oggetti, in particolare strumenti musicali, elettronica funzionante e gioielli. Sii consapevole del fatto che questi negozi comprano solo oggetti da rivendere con un profitto, quindi è improbabile che offrano i prezzi più alti.

Le **aste** possono essere un buon modo di vendere oggetti indesiderati, anche se la maggior parte si concentra su oggetti vintage, rari, da collezione o antichi. Visita la tua casa d'aste locale per scoprire cosa vendono e come funziona il procedimento – probabilmente ti chiederanno di dichiarare una riserva, ovvero il minimo che accetterai per l'articolo, e tutte le aste prenderanno una commissione concordata sul prezzo finale di vendita.

# Capitolo 9: riordino del tempo

Molti di noi sentono che non ci sono abbastanza ore in una giornata; sembra che non abbiamo mai il tempo di fare tutto. Abbiamo vite impegnate, ma parte del problema è che facciamo cose inutili o improduttive. Riordinare il proprio programma giornaliero è un ottimo modo di liberare tempo e imparare a concentrarsi su ciò che è veramente importante per noi.

Parte del problema è che la vita moderna è piena di distrazioni. Per esempio, una ricerca di A.C. Nielsen suggerisce che l'americano medio guarda più di quattro ore di televisione al giorno. Una statistica spaventosa. Se vivi fino all'età di sessantacinque anni, avrai passato nove anni a guardare la televisione! E non è mica l'unica distrazione. Secondo uno studio del 2018, un adulto medio statunitense trascorre trentotto minuti al giorno su Facebook, e le persone tra i diciotto e i ventiquattro anni fino a tre ore al giorno sui social. Aggiungi la lettura delle e-mail e la navigazione su internet e diventa chiaro che passiamo una fetta grandissima delle nostre ore di veglia davanti a uno schermo. Il motivo per cui sembra che tu non abbia mai tempo non è che stai facendo troppo, ma che trascorri troppo tempo su cose improduttive o inutili.

Devi riconoscere che il tuo tempo è una risorsa preziosa e limitata. Trattalo come le tue finanze: non sprecheresti mai denaro, quindi perché sei disposto a sprecare tempo?

## Suggerimenti da persone di successo

Alcuni sembrano essere in grado di fare di più. Le persone di maggior successo sembrano essere in grado di fare il doppio di noi. Ma come? Ecco alcuni utili consigli di gestione del tempo da parte di persone di grande successo.

**Crearsi una routine mattutina e serale.** L'imprenditore sir Richard Branson è noto per essere imprevedibile e sorprendente, ma sostiene che la chiave della gestione del tempo sono le routine mattutine e serali che segue ogni giorno. La maggior parte delle persone di successo si alza presto e segue poi una routine prestabilita per la colazione, l'esercizio fisico e la preparazione della giornata. Molti si sentono più forti a inizio giornata, e programmano i compiti più impegnativi per quel momento. L'imprenditore, filantropo e politico Marcus Lemonis inizia ogni giorno stilando una lista delle cinque cose che vuole realizzare ogni giorno. A fine giornata rivede la lista per controllare se ha raggiunto ciò che si era prefissato.

Se la tua routine mattutina consiste nell'aprire gli occhi con la sveglia, spegnerla e tornare a dormire per poi trascinarti fuori dalla porta sgranocchiando un pezzo di pane tostato e arrivare al lavoro appena in tempo, probabilmente hai bisogno di una nuova routine.

**Evitare l'affaticamento decisionale.** Tutti noi prendiamo un gran numero di decisioni ogni giorno, ma la nostra capacità di prenderne di buone diminuisce quando siamo stanchi. Un ottimo modo per snellire la giornata è ridurre il numero di decisioni da prendere. Il presidente Barack Obama indossava notoriamente solo abiti grigi o blu. Non era una ricerca stilistica – non voleva sprecare energie mentali per decidere cosa indossare ogni giorno. Altre persone di grande successo seguono una strategia simile – Steve Jobs indossava quasi sempre un dolcevita nero e jeans e Mark Zuckerberg viene visto raramente senza la sua maglietta grigia Brunello

Cucinelli. Limitare i capi del guardaroba non solo aiuta il riordino, ma significa che non dovrai rispondere alla domanda "cosa mi metto oggi?" all'inizio di ogni giorno.

Pianifica la sera i pasti dell'indomani. Proprio come con i vestiti, decidere cosa mangiare può richiedere troppo tempo ed energia mentale. Automatizza i compiti a cui altrimenti potresti dover pensare – molte bollette si possono pagare automaticamente tramite il conto bancario, diminuendo così le cose cui dover pensare consapevolmente.

Anche creare una routine quotidiana aiuta. Se fai sempre esercizio dopo la sveglia e prima della colazione, non dovrai starci a pensare ogni giorno. Meno devi pensare ai quotidiani aspetti mondani, più libererai tempo ed energia mentale per le decisioni che contano davvero.

**Alzarsi presto.** Una delle cose più chiare delle agende delle persone di grande successo è che tutti si alzano presto. Bill Gates alle quattro e mezza. Sir Richard Branson alle cinque ogni giorno, e Warren Buffet mette la sveglia alle sei e quarantacinque. Iniziare presto e avere una routine per la giornata è un ottimo modo di cominciare al meglio.

**Dormire molto.** Conosciamo tutti persone in grado di vivere bene con pochissime ore di sonno, ma per la maggior parte di noi la mancanza di un sonno significa semplicemente che non siamo in grado di funzionare al meglio. Così come le persone di successo iniziano presto la mattina, la maggior parte di loro ha anche orari regolari per coricarsi. Tim Cook, CEO di Apple, va a dormire alle ventuno e trenta, sir Richard Branson alle ventitré e Warren Buffet è quasi sempre a letto alle ventidue e quarantacinque. Queste persone sanno anche di quanto sonno hanno bisogno ogni notte per funzionare al meglio. Sir Richard Branson e Barack Obama hanno dichiarato di aver bisogno di almeno sei ore mentre Jeff Bezos, il fondatore di Amazon, sette, e la presentatrice televisiva Ellen DeGeneres otto.

Il tempo passato a dormire non è sprecato. Il sonno è essenziale per il nostro benessere mentale, ed è il momento in cui ricarichiamo le batterie per il giorno successivo. Cerca di capire di quanto sonno hai bisogno per funzionare al meglio e tenta di rispettare questi orari ogni notte.

**Crearsi una routine quotidiana**

La base dell'uso produttivo del tempo è la creazione di una routine quotidiana. Troppe persone sembrano attraversare le giornate senza piani, semplicemente sperando nel meglio. Ma un programma non organizzato è faticoso come un armadio non organizzato, e porta a sprecare tempo ed energie. Se vuoi mettere ordine nella giornata, devi iniziare dalla routine.

Per molti suona noioso. Chi è che vuole fare la stessa cosa ogni giorno? L'osservazione della vita quotidiana delle persone di grande successo conferma la presenza di una routine, eppure la loro vita non è né prevedibile né noiosa. Avere una routine significa riservare attenzioni ed energie mentali alle cose che contano davvero e che sono veramente stimolanti. Avere una routine non ti rende noioso – ti rende più capace di vivere appieno la tua vita e di trarre il massimo da ogni giorno.

Una routine quotidiana aiuta anche a mantenere le buone abitudini e a bloccare quelle cattive. Se inizi a fare il letto per prima cosa ogni mattina, presto diventerà un'azione da compiere senza pensiero o sforzo cosciente. Allo stesso modo, qualsiasi altra cosa positiva fatta ripetutamente (come la ginnastica) si incorporerà nel cervello come un'abitudine. È positivo, e se elimini consapevolmente i comportamenti inutili anche questa diventerà rapidamente un'abitudine. Più insisti più diventi sicuro della tua capacità di prendere in mano la tua giornata e la tua vita.

Avere una routine aiuta anche a stabilire le priorità della giornata. Spesso ci sentiamo sopraffatti da ciò che affrontiamo ogni giorno e, di conseguenza, otteniamo molto poco. Avere una routine aiuta a concentrarsi su ciò che conta davvero, in modo da portare a termine le cose importanti ignorando le distrazioni.

Ecco alcuni punti chiave da considerare quando si sviluppa la routine quotidiana:

**Alzarsi presto.** Abbiamo già visto che la maggior parte delle persone di successo si alza presto, azione da cui derivano benefici specifici. Puoi avere un po' di "tempo per te", cosa particolarmente importante se hai figli, la possibilità di fermarti a pensare a cosa vuoi ottenere dalla giornata e fare le cose senza distrazioni. Può aiutarti a prepararti per il resto della giornata facendoti sentire più positivo – se ti alzi presto e fai le cose, affronterai il resto della giornata con uno stato d'animo molto più ottimistico. La mattina presto è anche il momento in cui l'energia e l'impegno sono al massimo, quindi è un ottimo momento per lavorare su cose che potresti essere troppo stanco per affrontare nel corso della giornata. Infine, un inizio anticipato può permetterti di evitare il traffico e l'affollamento dei trasporti pubblici nel tragitto per il lavoro, permettendoti di arrivare prima di tutti gli altri e di sentirti meno stressato.

**Stila delle liste di cose da fare.** Fa' in modo che la definizione dei compiti di ogni giorno faccia parte della tua routine. Scrivere le cose è un ottimo modo per essere sicuri di non dimenticare nulla, e ti lascia libero di concentrare energia e attenzioni sulle cose veramente importanti. Dai priorità ai compiti e spuntali man mano che li completi. Stabilisci gli obiettivi della giornata, le cose da completare – non necessariamente solo compiti quotidiani. Scrivere a mano va bene, ma potresti usare un software o un'applicazione per aiutarti. Ce ne sono molti di disponibili, svariati dei quali gratuiti – basta cercare su Google "to-do list software" per scoprire cosa c'è.

## L'importanza degli obiettivi

Una routine quotidiana è un passo positivo verso l'organizzazione, ma devi anche pensare ai tuoi obiettivi, alle cose a lungo termine da raggiungere. Stabilirli è fondamentale per prendere in mano la propria vita. Vedila come un GPS nel viaggio sella vita. Gli obiettivi ti aiutano a riconoscere ciò che è importante e ciò che non lo è. Cosa di grande aiuto quando pianifichi la giornata, ma c'è dell'altro.

Quasi tutte le persone di grande successo hanno obiettivi chiari. Fare progressi verso questi ti fa sentire molto più positivo. Puoi fissare gli obiettivi della giornata (fare una passeggiata, finire di leggere un libro) o degli obiettivi a lungo termine sui quali stai lavorando (scrivere un libro, imparare una nuova lingua). Saranno specifici e personali, ma ciò che è importante è che tu abbia degli obiettivi chiaramente definiti sui quali lavorare. Sentire di fare progressi è un ottimo modo di aumentare la fiducia in te e farti sentire un maggior controllo.

Solo tu puoi definire i tuoi obiettivi, ma puoi pensare agli obiettivi sotto le seguenti voci:

**Carriera.** Sei felice del tuo lavoro? Il denaro è una parte importante del motivo per cui lavoriamo, ma anche una carriera che soddisfacente è estremamente importante per l'autostima e il benessere. C'è qualcosa del tuo lavoro potresti cambiare per avere maggiori soddisfazioni? Punti a una promozione o a diventare socio o senior executive? Vuoi solo un lavoro meglio retribuito? Concediti il tempo di scrivere come ti senti riguardo al tuo attuale lavoro e cosa può fare per migliorarlo.

**Istruzione.** Ti senti limitato dalla mancanza di istruzione? La cosa ti frena nella carriera? C'è modo di proseguire con gli studi continuando a lavorare, studiando on-line o part-time? Guarda cosa c'è a disposizione e pensa a come potresti inserire del tempo extra di studio nella tua routine attuale.

**Relazioni.** Vuoi trovare un partner o sposarti? Se sì, cosa stai facendo per cercare un partner? Sai quale sarebbe il partner ideale? Ci sono cose che puoi fare per incontrare più potenziali partner?

**Salute.** Non sei in forma o sei in sovrappeso? La mancanza di esercizio fisico o una dieta povera ti fanno star male e ti impediscono di fare le cose che ti piacciono? Come pensi di affrontare la situazione?

**Personalità.** Ci sono cose che non ti piacciono di te stesso? Ti arrabbi troppo spesso? Sei troppo timido per provare cose nuove? Ti irriti con te stesso perché perdi tempo davanti alla televisione quando potresti fare qualcosa di più produttivo? Bevi troppo? Scrivi come ti senti su di te – il primo passo per cambiare le cose è riconoscere i problemi.

**Servizio pubblico.** Ci sono cose che potresti fare per migliorare le cose nella tua comunità o nel mondo? Ci sono cose di cui sei infelice e che potresti aiutare a cambiare? Ci sono persone che vorresti aiutare?

Non fissare troppi obiettivi di vita o ti sentirai sopraffatto e probabilmente non ce la farai. Magari non hai obiettivi per ogni categoria, e magari ne hai che esulano da tutte queste categorie. In generale si dovrebbero identificare non più di dieci obiettivi di vita.

### Rendi gli obiettivi SMART

Una volta identificati gli obiettivi di vita, inizia a pensare a come raggiungerli. Una cosa che può aiutarti è lo SMART: è un acronimo usato negli affari, e sta per *Specific, Measurable, Attainable, Relevant and Timed*, ovvero *specifici, misurabili, raggiungibili e a scadenza*. Quando le aziende fissano degli obiettivi, devono essere tutte queste cose per essere raggiungibili. Esattamente lo stesso si applica ai nostri obiettivi di vita. Esaminiamoli.

Un obiettivo come "voglio essere più sano" probabilmente è inutile, perché non sufficientemente specifico. "Perderò venti chili" è molto meglio, perché puoi misurare i progressi e saprai quando l'hai raggiunto. Avere obiettivi specifici e misurabili è essenziale.

I tuoi obiettivi sono realistici? Se l'obiettivo è quello di diventare un giocatore di basket professionista ma sei alto solo un metro e sessanta, quasi certamente non sarai in grado di raggiungerlo. Per essere utili, gli obiettivi devono essere realistici e raggiungibili. Non significa che non si possa mirare alle stelle... basta che si sappia come arrivarci.

Gli obiettivi devono essere importantissimi per te. Un obiettivo raggiunto dovrebbe fare la differenza nella tua vita. Non adottare obiettivi di livello troppo alto o che suonano semplicemente bene; assicurati che siano rilevanti per te.

Mettere un limite di tempo agli obiettivi ti farà concentrare ancora di più su di essi. "Perderò venti chili" va bene, ma "perderò venti chili in tre mesi" è ancora meglio. Stabilire una scadenza ti farà concentrare sul lavoro per l'obiettivo proprio ora, e non in un ipotetico futuro.

## Qual è il piano?

Identificati gli obiettivi, scrivi un piano quinquennale per raggiungerli. Poi suddividilo in ciò che farai nel prossimo mese e persino nel giorno successivo. Incorpora queste cose nella tua routine quotidiana. L'idea è quella di creare piccoli passi verso il raggiungimento degli obiettivi. Raggiungerli ti aiuterà a mantenerti motivato e in pista.

Dai la priorità agli obiettivi. Magari non sarai in grado di lavorarci ogni giorno, quindi scegli i più importanti e concentra il tuo tempo e la tua energia su quelli.

Non pensare che al raggiungimento di uno o più obiettivi sarà tutto finito. Per vivere una vita soddisfacente si ha sempre bisogno di obiettivi su cui lavorare; terminato uno lo si sostituisce con un altro. Hai perso i famosi venti chili? Ottimo, fissa un nuovo obiettivo per perderne altri dieci o per mantenere questa linea per un anno. È importante avere sempre qualcosa per cui lavorare e vedere dei progressi. Fissare un obiettivo non è un esercizio una tantum, ma qualcosa a cui tornare consapevolmente.

# Capitolo 10: riordino della mente

La casa è ormai ordinata e pulita. Il programma giornaliero è più organizzato, e probabilmente ti senti abbastanza bene. Ma c'è ancora un luogo da riordinare: lo spazio tra le orecchie.

L'insegnamento buddista usa un'espressione meravigliosa per descrivere ciò che accade nella testa di molte persone: monkey mind, e si riferisce a una mente che passa costantemente da un pensiero all'altro, un po' come una scimmia che oscilla rapidamente da un ramo all'altro. Nel mondo moderno, siamo costantemente bombardati da informazioni ed esperienze, che lo si voglia o no. Ci arrivano attraverso film e televisione, telefoni, internet e una miriade di altre cose che cercano di catturare la nostra attenzione per un momento fugace.

Ecco un test: quando ti metti a letto la sera, ti addormenti tranquillamente o ti ritrovi in balia di pensieri caotici sulle cose fatte (o non fatte) e su ciò che devi fare in futuro? Questa è la mente scimmiesca, cosa di cui molti di noi soffrono. È il sintomo di una mente che ha bisogno di essere svuotata con la stessa urgenza dell'armadio.

Un modo sempre più popolare di affrontare il problema si chiama mindfulness. Anch'essa ha origine nell'insegnamento buddista, e spesso è collegata alla pratica della meditazione. Ma non è necessario essere buddisti o meditare. La mindfulness è molto sfaccettata, ed è stata descritta nel dettaglio da tutta una serie di libri e conferenze. In breve, consiste nell'imparare a controllare una mente fuori controllo. Significa imparare a rallentare e fermare finalmente tutti i pensieri scatenati per apprezzare solo il qui e ora, non ciò che è passato o che potrebbe accadere in futuro.

Si tratta di accettare ciò che è, in te e nel mondo, senza ossessionarsi su ciò che pensi dovrebbe essere o su ciò che avresti dovuto fare o fare diversamente. Molte star dello sport usano la mindfulness per migliorare le prestazioni, mentre i dirigenti usano sempre più spesso la tecnica per sfuggire allo stress delle loro vite impegnative. Può sembrare una sciocchezza, ma una volta imparato il sistema la mindfulness può essere incredibilmente liberatoria e calmante; si può praticare anche facendo cose banali come camminare o lavare i piatti.

Un aspetto importante della mindfulness (e di molte altre tecniche di riduzione dello stress e di rilassamento) è la comprensione e l'accettazione del fatto che sentirsi o meno felici dipende tanto da come si pensa alle cose quanto dalla realtà fisica della vita. Oppure, come disse l'inventore tedesco Frederick Keonig: «*tendiamo a dimenticare che la felicità non deriva dall'ottenere qualcosa che non abbiamo, ma piuttosto dal riconoscere e apprezzare ciò che abbiamo*».

È un aspetto molto importante da capire. Per la maggior parte crediamo che le nostre emozioni siano definite dalle circostanze, ma la verità è che sono governate principalmente dai pensieri. Ogni area della nostra vita, dalle finanze alla salute e alle relazioni, è controllata dai pensieri. Pensieri che noi possiamo imparare a controllare. Capire questo concetto può essere trasformativo. La percezione che hai della tua attuale situazione di vita, buona o cattiva che sia, è almeno in parte dovuta al tuo modo di pensare. La realtà è creata dallo stato d'animo.

Per organizzare la vita fisica, la prima cosa di cui prendere il controllo è la vita del pensiero. Devi riconoscere e accettare le emozioni e imparare a capire da dove provengono. Devi pensare a ciò che ti rende felice. Davvero felice. Non è mica egoismo. Se riesci a trovare soddisfazione e a imparare a prenderti cura di te, hai fatto il primo passo verso la cura degli altri. Pensa alle istruzioni sulla sicurezza che vedi ogni volta che fai un viaggio in aereo: *prima indossa la maschera dell'ossigeno*. È molto logico: se ti concedi di diventare inutile, non puoi aiutare nessun altro. Cercare il significato e la soddisfazione della vita è una cosa positiva e solidale che ti fa sentire meglio e che, a sua volta, ti rende capace di provare più compassione per gli altri.

Parte del concetto, condiviso anche con altre filosofie come la legge di attrazione, è il potere di elaborare pensieri sani. Molti credono che i pensieri rappresentino una forma di energia, cosa che i recenti progressi scientifici paiono confermare. A seconda di ciò che pensiamo, questa energia può essere positiva o negativa. La costruisci così la tua realtà: con il potere dei tuoi pensieri.

La cosa pare confermata dai recenti progressi delle neuroscienze, che distinguono sempre più tra mente e cervello, conscio e subconscio. Queste due entità separate comunicano continuamente, e il cervello fornisce un flusso costante di informazioni dalle sue vaste banche dati mentre la mente poi le elabora. Ma le connessioni tra queste parti separate della nostra intelligenza passano attraverso percorsi neurali che si sviluppano dal cervello alla mente. Con il tempo questi si impostano, e tendiamo a reagire a situazioni comuni in modi abituali, non pensati. Cosa che può portare a comportamenti inutili – mangiare troppo, abusare di alcol e sostanze e persino lasciare che la casa diventi disordinata.

Tuttavia, sembra che questi percorsi neurali non siano impostati in modo permanente. "Neuroplasticità" è il termine usato per descrivere la capacità del cervello di crearne di nuovi che portino a comportamenti originali e più utili. Se, per esempio, rifare come prima cosa il letto al mattino diventa parte della tua routine quotidiana, col tempo diventerà un'abitudine. Si formerà un nuovo percorso neurale che stabilisce una connessione tra alzarsi, rifare il letto e la soddisfazione e l'appagamento derivanti.

Ecco in che cosa consiste il  riordino della mente. Molti studi confermano che quello dell'ambiente fisico aiuta a generare calma e a ridurre lo stress, e quello della mente è il passo successivo logico. Significa usare tecniche come la mindfulness per eliminare il disordine generato dalla mente scimmiesca e sfruttare il potere del pensiero positivo per ricalibrare il cervello in modo da rinforzare il comportamento utile e positivo.

# Capitolo 11: pensiero positivo

È stato detto e scritto molto sul potere del pensiero positivo, ma sussistono ancora molti malintesi sul suo vero significato. Non si tratta di fare pensieri felici né di visualizzare cose buone nella speranza di riceverle. Segue invece logicamente la mindfulness. Se passi il tempo a pensare a cose che non puoi cambiare, in particolar modo a cose accadute in passato, ecco l'inevitabile negatività. Ogni momento trascorso nel rimpianto o nella colpa per le azioni passate è tempo sprecato. Devi invece pensare a cose che puoi cambiare e a come farlo. È una semplificazione grossolana, ma in generale le persone scontente, frustrate, rabbiose e gelose trascorrono il tempo a pensare al passato. I soddisfatti, i concentrati e chi ha successo pensano invece a ciò che vogliono dal futuro e a come ottenerlo.

La buona notizia è che, anche se sei intrappolato in un ciclo di pensieri negativi, puoi operare il cambiamento per beneficiare del potere del pensiero positivo.

**Imparare a pensare in modo positivo**

Molti studi confermano che le persone di successo sono generalmente ottimiste. Hanno obiettivi chiari e lavorano per raggiungerli. Anche nel fallimento vedono i risultati positivi – ogni fallimento è un'opportunità per imparare e quindi un passo avanti verso il successo. Come disse il prolifico inventore di successo Thomas Edison: «Non ho fallito. Ho solo trovato diecimila modi non funzionanti». Gli ottimisti imparano a vedere i problemi come opportunità, e li usano per raggiungere un successo ancora maggiore. I pessimisti tendono a nascondersi dai problemi, a cercare di ignorarli e persino a negarne l'esistenza.

La buona notizia è che l'ottimismo non è innato – si può imparare. Segui l'esempio delle persone di successo. Non nasconderti dai problemi o dai fallimenti. Guardali invece in faccia e chiediti: Cos'ho imparato da questo? E come posso usare questa conoscenza in futuro? Non passare la notte sveglio a pensare ai problemi del passato e a rimuginare sui fallimenti passati. Pensa a come superare i problemi e raggiungere gli obiettivi del futuro. Così potrai riqualificare il cervello da pessimista a ottimista.

**Allenamento positivo del cervello**

Allenare il cervello significa usare il potere della neuroplasticità, ovvero trasformare i percorsi neuronali negativi in positivi. È semplicissimo: si adotta consapevolmente un nuovo comportamento positivo e si continua a usarlo fino a quando non diventa automatico e abituale. A quel punto si crea un nuovo percorso neuronale, e il comportamento positivo diventa la reazione di default. Dovrai rimanere concentrato in questo periodo – le abitudini sono potenti motori di comportamento, ed è fin troppo facile scivolare di nuovo in quelle vecchie senza un iniziale sforzo cosciente. Ci vuole tempo per creare le nuove abitudini che vuoi incoraggiare. Si dibatte su quanto tempo ci voglia esattamente per creare una nuova abitudine, e le stime vanno dai trenta ai novanta giorni. Non è possibile dire quanto tempo ci vorrà per te; ciò che è certo è che se ti impegni e mantieni il nuovo comportamento, alla fine diventerà una cosa da fare senza pensarci.

Mantenere la casa pulita e ordinata è un ottimo esempio di abitudine positiva, ma non bisogna sovraccaricare il cervello chiedendogli di fare troppe cose in una volta sola. Scegli un aspetto particolare, come rifare il letto ogni mattina, lavare i piatti prima di coricarti o stabilire una nuova routine di pulizia. Applicatici finché non diventa un'abitudine, e solo allora pensa alla prossima cosa da aggiungere al repertorio di comportamenti positivi. Di per sé, mantenere casa pulita e ordinata può non sembrare un grande cambiamento di vita, ma se ci riesci sfruttando il potere del pensiero positivo, puoi applicare la stessa tecnica ad altri aspetti della vita, compreso il lavoro e le relazioni. Basta scegliere l'obiettivo, la cosa da cambiare, e adottare il nuovo comportamento fino a farne un'abitudine. Non lasciarti ossessionare dalla negatività – cerca sempre la positività e pensa a come raggiungerla.

## Affermazione positiva

Con chi chiacchieri per la maggior parte del tempo? La maggior parte delle persone probabilmente nominerebbe un parente o un partner o magari un collega, ma per tutti noi la verità è che c'è una persona con cui parliamo continuamente: noi stessi. La nostra mente ci fornisce un costante monologo interiore di cui spesso non siamo consapevoli – uno dei benefici della meditazione è aumentare la consapevolezza della voce che abbiamo nella testa. Non è mica strano, non è sintomo di una malattia mentale; lo fanno tutti, e ci colpisce molto più di quanto ci rendiamo conto.

L'enorme volume di informazioni proveniente dalla testa può risultare schiacciante. I neuroscienziati calcolano che abbiamo fino a settantamila pensieri al giorno, ma siamo consapevoli solo di una frazione di questi. Tuttavia, anche se non siamo consapevoli di tutti i pensieri, essi hanno un forte impatto sulla nostra autostima e sul nostro benessere mentale.

Se la tua voce interna è costantemente negativa, può portare all'ansia e persino alla depressione. Possiamo incolpare noi stessi per cose che in realtà non hanno nulla a che fare con noi. Se un collega critica il nostro lavoro, per esempio, possiamo supporre che ciò significhi che non siamo abbastanza bravi, quando in realtà potrebbe essere dovuto a problemi nella vita personale del collega che nulla hanno a che fare con noi.

L'antidoto è l'affermazione positiva: l'allenamento del tuo io interiore a vedere le cose per come sono realmente e a fornire commenti positivi e utili. Uno studio condotto dall'università dell'Arizona ha scoperto che le affermazioni positive sono un'efficace cura supplementare per i pazienti che soffrono di depressione e ansia. In alcuni casi l'affermazione positiva è risultata effettivamente più efficace della cura farmacologica o di altre forme di terapia!

Ci sono tre modi diversi per includere l'affermazione positiva nella routine quotidiana:

**Sostituzione del pensiero**. A volte si diventa consapevoli del proprio monologo interiore. Durante la meditazione, per esempio, o quando si ha il tempo di ascoltare la propria mente. Se ti ritrovi a elaborare pensieri negativi, fa' uno sforzo cosciente per passare al pensiero positivo. Per esempio, se ti ritrovi a soffermarti sui problemi del passato e in particolare su quelli di cui ti incolpi, passa invece a pensare al futuro e a ciò che puoi fare per evitare che tali situazioni si ripetano.

**Ripetizione di affermazioni**. Trova il tempo ogni giorno per ripetere utili affermazioni positive – troverai una lista alla fine del capitolo.

**Meditazione di affermazione**. Non parliamo veramente di una meditazione in senso tradizionale: si tratta di ripetere affermazioni durante il giorno. Si può fare a mente o, se si è soli, ad alta voce. Lo scopo è che, costringendoti a pensare in modo positivo, non avrai tempo per i pensieri negativi. Fallo ripetutamente e diventerà un'abitudine.

**Affermazioni positive**

Ecco alcuni esempi di affermazioni positive. Non sono mica incise nella pietra – sentiti libero di mescolarle e abbinarle o personalizzarle per adattarle alla tua vita e alle tue circostanze. Crea affermazioni sui tuoi specifici obiettivi di vita. La cosa importante è che siano positive, orientate al futuro e utili nel riallenare la mente inconscia a pensare in modo positivo.

- La mia vita ha significato e valore.
- Credo, mi fido e ho fiducia in me stesso.
- Posso realizzare qualsiasi cosa che mi pongo come obiettivo.
- Ho la capacità e la facoltà di cambiare la mia vita.
- Sono una persona unica, interessante e degna.
- Controllo io le mie emozioni, i miei sentimenti e le mie scelte.
- Sono responsabile delle mie azioni.
- Sono responsabile della mia soddisfazione e del mio appagamento.
- Ho dentro di me tutto ciò di cui ho bisogno per avere successo.
- Ho sempre il diritto di dire "no".
- Tratto sempre gli altri con rispetto e compassione.
- Rispetto le opinioni altrui pur credendo nelle mie.
- Uso il mio tempo, le mie capacità e la mia energia in modo saggio.
- Imparo dal passato ma non ne vengo controllato.
- Vivo pienamente nel momento presente.
- Posso scegliere il mio futuro.
- Trovo appagamento e soddisfazione in tutto ciò che faccio.

- Mi prendo cura del mio corpo mangiando bene e facendo ginnastica.

- Cerco gli aspetti positivi di ogni situazione.

- Sono degno di amore e di rispetto.

- Non spreco il mio tempo con pensieri negativi.

- Sono forte e resistente.

- Scelgo di essere positivo, non negativo.

- Mi perdono quando commetto errori.

- Riconosco e accetto ciò che non posso cambiare.

# Capitolo 12: riordino delle relazioni

Gli esseri umani sono creature sociali, e le nostre relazioni con gli altri aiutano a definire chi siamo e la vita che conduciamo. Tutti noi apprezziamo amici e partner, e siamo profondamente influenzati dal loro modo di pensare e soprattutto da ciò che loro pensano di noi. Purtroppo non tutte le relazioni sono positive. Quelle negative non solo ci rendono infelici e insicuri, ma possono anche impedirci di raggiungere i nostri obiettivi. Ora che sai come mettere in ordine casa e mente, è il momento di pensare a come fare in modo che anche i rapporti che coltivi contribuiscano al tuo benessere.

Ecco quattro modi in cui le relazioni negative possono avere un impatto sulla vita. Qualcuno di questi ti suona familiare?

**Alcune relazioni non fanno bene.** Qual è lo scopo delle relazioni? La cosa più importante è che ci sostengono nella nostra ricerca di successo e soddisfazione. Verità che però non si applica a tutti i rapporti che abbiamo. Alcuni amici (e anche alcuni partner e parenti) non hanno a cuore i nostri interessi. Alcuni sembrano addirittura felici di vederci fallire.

Fermati ed esamina bene i rapporti che hai. Tutte le persone coinvolte sono positive e vogliono vederti avere successo? O sono semplicemente interessate a se stesse, e pretendono il tuo sostegno e la tua energia senza dare nulla in cambio? Pensa onestamente a queste persone dal tuo punto di vista. Vuoi che abbiano successo o speri segretamente che falliscano? Questi sono tutti sintomi di relazioni negative senza le quali probabilmente starai meglio.

**Alcune persone sono negative e basta.** Alcuni sono incessantemente negativi, su di sé, sugli altri e sul mondo. Nessuno è obbligato a vivere così, possiamo tutti scegliere di diventare positivi e ottimisti, indipendentemente dalla nostra situazione di vita. Ma alcuni sembrano prosperare sulla miseria e l'infelicità.

Quando ti sforzi di diventare positivo e ottimista, queste persone ti freneranno. Quando sei con loro ti sentirai schiacciato dalla loro negatività e probabilmente tratteranno i tuoi tentativi di diventare positivi con disprezzo e persino ostilità. Quando sei con loro l'energia e tutte le buone intenzioni ne soffriranno. Può sembrare difficile, ma non hai bisogno di persone così nella tua vita. Sì, hanno dei problemi, ma ricorda che devi prima curarti di te. Se nella tua vita ci sono persone costantemente scoraggianti e negative, trascorrici insieme meno tempo possibile.

**Alcune persone non vogliono che tu abbia successo.** Quando cercherai di cambiare la tua vita in meglio, alcune persone cercheranno di trattenerti. Magari pensano che il tuo successo farà sembrare loro dei falliti. Magari gli piace sentire di avere più successo o di essere più capaci di te. Ci sono molte ragioni dietro a questo atteggiamento, ma devi imparare a riconoscerlo.

Quando descrivi i tuoi piani, alcuni sembreranno sempre mettere in dubbio la buona idea dei progetti, o magari ti chiederanno come ti sentirai in caso di fallimento. Altri potrebbero vedere quello che state facendo solo in rapporto a come ciò riguarda loro, non a come riguarda te. Tu puoi cambiare la tua vita in meglio. Milioni di persone né più forti, né più intelligenti o determinate di te l'hanno già fatto. Anche tu puoi, e chiunque non ti dia sostegno e incoraggiamento con tutto il cuore non è persona da frequentare.

**Sei in parte definito dalle tue relazioni**.

La gente ti giudicherà per come ti comporti, ma esprime giudizi anche in base alle persone con cui passi il tempo. Se trascorri il tuo tempo con persone negative e che non ti sostengono, la gente supporrà, forse inconsciamente, che sia così anche tu. Tu vuoi stare con persone positive, ma è possibile che le persone negative con cui già passi il tempo te lo impediscano. Riordinando le relazioni per concentrarti finalmente su persone positive, attirerai più persone positive nella tua vita.

**E allora cosa facciamo?**

Ecco chiarito che la qualità delle relazioni ha una correlazione diretta con la qualità della vita. Ma cosa possiamo fare? Dire a qualcuno "non voglio più essere tuo amico perché sei negativo" sarà scioccante e doloroso, perché la maggior parte delle persone non riconosce di essere negativa. Si nascondono invece dietro all'idea di essere realistici o sinceri. E poi non è bello lasciarsi in cattivi rapporti – la liberazione dagli amici negativi non sarà per nulla utile se ti creerà nuovi nemici! E allora cosa facciamo?

**Creare confini chiari.**

Esistono persone, come per esempio i parenti, che non si possono eliminare dalla propria vita. Con loro e altre persone, una delle migliori strategie è quella di chiarire cosa c'è nel loro comportamento che trovi inaccettabile. Hai presente l'amico costantemente negativo che ti dice solo quanto è probabile che tu fallisca in qualsiasi cosa tu faccia? Digli perché vuoi e hai bisogno di sostegno e positività e chiediglieli. E il collega che vuole chiacchierare solo per diffondere pettegolezzi malevoli? Metti in chiaro che non sei interessato e chiedigli invece di trovare qualcuno di cui parlare positivamente. Quella persona che ti contatta solo per lamentarsi? Dille che non ti piace e suggeriscile che si faccia sentire solo quando ha notizie positive.

Farlo non è facile. Devi credere in te, e soprattutto credere di avere il diritto di definire di cosa vuoi o non vuoi parlare. Una volta che queste persone si saranno rese conto che fai sul serio, cambieranno il loro comportamento per diventare più positivi o semplicemente smetteranno di cercarti. In entrambi i casi, ti libererai di tutta quella negatività.

**Non lasciarti manipolare.**

Resta concentrato su ciò che vuoi dalle relazioni. Stabilisci degli obiettivi per queste come per altri aspetti della tua vita. Aiutare gli altri e mostrarsi compassionevoli è positivo, ma alcuni cercheranno di usare questi sentimenti per chiedere costantemente il tuo aiuto, spesso in situazioni non poi tanto importanti. Se ti chiedono aiuto, fermati a pensare se davvero questa persona vuole e ha bisogno del tuo aiuto. O magari se vuole semplicemente l'occasione di sfogare le sue frustrazioni. Comunque aiuta gli altri ad apportare cambiamenti positivi nella loro vita, ma presta attenzione alle persone che cercano di manipolare il tuo senso di colpa per richiedere costantemente la tua attenzione.

Attento anche alla proiezione. È un termine psicologico che significa che a volte proiettiamo aspetti della nostra personalità sugli altri. Le altre persone fanno lo stesso con noi, quindi se qualcuno ti attacca verbalmente è possibile che stia in realtà parlando di aspetti di se stesso che non gli piacciono e che sta proiettando su di te. In realtà non sta attaccando affatto te, ma solo se stesso.

**Non arrenderti.**

Alcuni reagiranno male al fatto che tu ponga dei limiti e ti rifiuti di essere manipolato. Il loro comportamento peggiorerà e si faranno ancora più esigenti. In queste circostanze si è tentati di arrendersi e concedere loro ciò che vogliono. Non farlo! Sii fermo nel tuo rifiuto di accettare questo comportamento. Ti farà bene, perché modificherà il loro comportamento nei tuoi confronti o magari ti abbandoneranno del tutto, ma può far bene anche a loro. Costringendoli a riconoscere i difetti della loro personalità, possono giungere a capire perché il loro comportamento è inaccettabile, e quindi possono cercare di cambiare.

**Fa' nuove amicizie.**

Liberarsi degli amici, anche di quelli dal comportamento dannoso, può farti sentire isolato e solo. Non preoccuparti, ti farai nuovi amici. Come si fa? Semplice: diventa il tipo di persona che vorresti come amico. Allora attirerai nuovi amici che ti sosterranno e che ti aiuteranno a crescere. Per incontrare queste persone, puoi provare a recarti in posti nuovi o iniziare un nuovo hobby che ti porti a contatto con persone diverse. Entra in gruppi di lettura o comincia un corso di yoga o qualsiasi altra cosa che ti interessi. Conoscerai così persone che condividono quell'interesse; un buon punto per iniziare una nuova amicizia.

Tutti abbiamo bisogno della sicurezza e del sostegno provenienti dalle relazioni buone. Ma quelle cattive ci trascinano giù e ci danno una percezione ancora peggiore su noi stessi. Riordinare i rapporti è difficile, ma è importante come qualsiasi altro aspetto del riordino, se vogliamo imparare a vivere vite soddisfatte e soddisfacenti. Ti meriti dei buoni amici. Al mondo esistono persone buone che sarebbero felici di essere tue amiche. Puoi essere un amico solidale e compassionevole. Quindi esamina le tue relazioni esistenti, decidi quali non ti aiutano e liberatene. Poi sarai libero di iniziare nuove relazioni che ti siano veramente di sostegno.

# Capitolo 13: il momento giusto per iniziare a riordinare la tua vita è adesso

Ora che hai capito tutti i benefici potenziali del riordino, non vedi l'ora di iniziare. Che la prossima settimana sia un buon momento? Ma magari sarebbe meglio il mese prossimo, quando avrai più tempo. Ma il mese successivo sembra ancora più promettente...

**Basta!**

La procrastinazione è cosa di cui spesso ridiamo, ma la verità è che è un'influenza distruttiva che può impedirti di realizzare la vita che vuoi. Pensaci bene. Quante volte hai deciso di fare qualcosa per poi rimandare? E quante volte hai rimandato fino a dimenticare del tutto l'idea? La procrastinazione ti ruberà tempo e ti lascerà lì a chiederti dove sono finiti tutti quegli anni. Se hai intenzione di raggiungere una cosa positiva, devi imparare a riconoscere la procrastinazione e ad affrontarla.

**Riconoscere la procrastinazione**

Quasi tutti procrastiniamo, a un certo punto. L'importante è imparare a riconoscere i segni. Generalmente c'è un compito da completare ma continuiamo a trovare altre cose da fare prima. Il compito in questione può essere importante e potrebbe anche avere una scadenza a breve, ma non facciamo comunque che trovare scuse per evitarlo.

La cosa che ci trattiene è la paura, spesso inconscia; in particolare la paura dell'ignoto. Le cose rimandate sono spesso cose che inconsciamente non sappiamo bene come fare o che temiamo di non essere in grado di completare efficacemente. Può valere per qualsiasi cosa, dal completare la dichiarazione dei redditi all'iniziare la ginnastica. Troviamo strategie per evitare l'attività che ci innervosisce raccontandoci che lo faremo dopo. Spesso non lo facciamo mai, e alla fine il compito viene abbandonato del tutto.

Se vuoi veramente cambiare la tua vita, devi imparare a riconoscere e affrontare la procrastinazione. Ma è anche importante riconoscere che cosa non è procrastinazione. Nell'ultimo capitolo abbiamo parlato della necessità di dare priorità a compiti e obiettivi. Rimandare un compito meno importante per completarne prima uno più importante non è procrastinare, ma fare buon uso del proprio tempo.

**Perché procrastiniamo?**

Tendiamo a evitare di fare cose che ci innervosiscono, in particolare se temiamo di fallire. Per esempio, compriamo una nuova attrezzatura sportiva con tutte le intenzioni di iniziare a correre o a giocare a calcio o a volano o quello che è. Ma l'attrezzatura finisce in fondo all'armadio, inutilizzata. Spesso alla radice del problema sta la paura di non essere bravi nel nuovo sport; forse sembreremo sciocchi o forse ci sembra tutto troppo faticoso. Continuiamo a pensare di iniziare, ma c'è sempre qualcosa di più importante e non riusciamo a trovare il tempo. Quello che stiamo facendo in realtà è evitare ciò che temiamo possa essere troppo difficile o impossibile per noi. Scappiamo dalle nostre paure rifugiandoci in attività familiari.

Abbiamo tutti paura del fallimento. È comprensibilissimo, ma permettere che questa paura ci impedisca di agire è in realtà molto più dannoso. Per superare la procrastinazione, dobbiamo affrontare la paura. Dobbiamo guardare davvero cosa ci sta fermando, e diminuire quindi l'effetto della paura. Dobbiamo imparare che il fallimento non è un disastro. Bisogna invece imparare a guardarlo come a un'opportunità di apprendimento. Se inizi un nuovo sport, per esempio, è probabile che non sarai tanto bravo. Tuttavia, l'unico modo per migliorare è provare, accettare il fallimento, imparare e andare avanti.

Avere obiettivi chiari aiuta. Se sai che stai lavorando per un obiettivo a lungo termine, allora provare cose nuove ha senso in quel contesto. Il fallimento a breve termine non è più un problema rispetto all'obiettivo a lungo termine di apprendimento e crescita.

**Strategie per superare la procrastinazione**

Una delle chiavi per affrontare la procrastinazione è l'organizzazione. Le persone di maggior successo hanno obiettivi chiari e lavorano per raggiungerli. Il fallimento occasionale è accettato come una conseguenza inevitabile dei progressi. Sentiamo parlare molto dei successi di queste persone, ma molto meno dei loro fallimenti. Ma muoversi al di fuori dalla zona di comfort e provare cose nuove è l'unico modo per raggiungere davvero qualcosa. Il vero progresso non si raggiunge evitando il fallimento, ma superandolo nel contesto di un progresso verso un obiettivo chiaro.

Le persone disorganizzate sono molto meno capaci di dare priorità agli obiettivi. Passano da un compito all'altro in modo casuale, rimanendo generalmente concentrati su ciò con cui hanno già familiarità. Possono anche avere inconsciamente paura del successo, e in particolare dello sforzo aggiuntivo e della responsabilità che può portare. Rimangono con quello che conoscono e non cercano mai di spingersi oltre e, di conseguenza, ottengono molto poco.

**Per evitare la procrastinazione:**

- organizzati: si tratta probabilmente del modo più importante per evitarla – il consiglio è avere piani chiari ed esaminare ogni propria azione nel contesto di questi piani;

- elabora un piano: sia a lungo termine sia quotidiano, con i compiti da completare, assegnando le priorità e assicurandoti che i compiti più importanti vengano svolti;

- fissa obiettivi SMART, ovvero chiari sia a lungo sia a breve termine, assicurandoti che siano raggiungibili e fissando una scadenza per ciascuno;

- stila liste di cose da fare: scrivi ciò che devi fare ogni giorno e rivedi la lista a fine giornata per assicurarti di rimanere in pista;

- concentrati completamente su una cosa alla volta: gli studi dimostrano chiaramente che cercare di fare tante cose alla volta generalmente significa non farne nessuna in modo efficace, mentre è molto meglio concentrarsi completamente su una sola cosa prima di passare a quella successiva; usa la lista delle priorità per decidere dove concentrare prima l'attenzione e suddividi il tempo della giornata in blocchi per dedicare una quantità di tempo a ciascun compito.

Pensa anche alle conseguenze della procrastinazione. Se non completi un particolare compito in tempo, cosa accade? Ci sarà una sanzione o non riuscirai a fare progressi verso un obiettivo? Pensarci può aiutarti a darti una mossa. Prendi in considerazione anche la possibilità di avere un partner di responsabilità, una persona che capisca cosa stai facendo e che ti chieda dei tuoi progressi. I gruppi di auto-aiuto, come quelli che si occupano di abuso di alcol e perdita di peso, trovano efficace la cosa – hai a disposizione un partner?

Concediti poi delle ricompense al completamento dei compiti. Dal prendersi una pausa per un caffè una volta completato un compito di basso livello al comprarsi qualcosa una volta completato un obiettivo più grande. Siamo tutti molto orientati verso la ricompensa, quindi crearti dei premi può essere di grande motivazione.

**Inizia subito**

Il riordino sarà probabilmente un passo verso l'ignoto, quindi rischi di procrastinare. Per evitarlo, stila subito una lista sui punti da cui iniziare, ma senza usare la pianificazione come sostituto dell'azione. Puoi iniziare subito, riordinando una singola stanza o anche solo un angolino o l'armadio? Cominciare a rifare il letto al risveglio a partire da domattina?

Una delle parti più difficili dell'inizio di qualcosa di nuovo è il primo passo. Una volta fatto questo, e visti i benefici, lo slancio comincia a costruirsi e ti motiva a continuare. E allora: da dove inizierai a mettere in ordine la tua vita?

# Conclusione

Come ormai hai capito, il riordino è molto più che sbarazzarsi di tutta la spazzatura finita negli anni nell'armadio. Naturalmente, eliminare tutta la roba accumulatasi nella tua vita e che non usi più è importante, ma il riordino è un viaggio interiore tanto quanto cambiare l'ambiente immediato.

Molti studi concordano sul fatto che nel mondo sviluppato siamo diventati molto attaccati alle cose, agli oggetti che percepiamo come valore della nostra vita, in gran parte per via della pubblicità incessante, e il riordino può aiutare a ricordarti che no, comprare l'ennesimo nuovo paio di scarpe non ti renderà una persona più interessante o attraente, e che avere l'ultimo telefono non ti renderà degno del rispetto degli amici. I beni sono importanti solo quando servono a uno scopo chiaro, quando ci aiutano a fare qualcosa di utile. Il riordino può farti pensare allo scopo delle cose che possiedi più che al loro valore percepito.

Quando inizierai a guardare tutte le tue cose, comincerai a pensare al perché le possiedi, alla funzione che svolgono nella tua vita. Allora sarai in grado di riconoscere quelle veramente utili e quelle meno. Potresti anche iniziare a pensare alle cose che possiedi principalmente in termini di funzione. Per esempio, hai bisogno di un telefono per controllare le e-mail quando non sei in ufficio. Ma hai davvero bisogno del modello più recente e più cool quando quello che hai già è perfettamente soddisfacente?

L'attaccamento alle cose riguarda spesso altre questioni – collezioniamo beni perché crediamo, spesso inconsciamente, che soddisfino bisogni emotivi. Ma in realtà non è così. Una volta riconosciuto questo, è molto più facile perdere questo attaccamento e riordinare. In questo senso riordino non significa solo sbarazzarsi di cose non utilizzate; si tratta di pensare alle cose che si possiedono e se hanno davvero bisogno di essere sostituite o aggiornate. Potresti risparmiare denaro e renderti meno dipendente dai beni. Potresti anche contribuire a proteggere l'ambiente e a usare una quantità minore delle preziose risorse del mondo.

Questo è anche il motivo per cui il riordino dei processi mentali attraverso approcci come la mindfulness è importante. Ti aiuta a tornare in contatto con il vero te e a vedere chiaramente i tuoi veri obiettivi e i tuoi valori. Anche le relazioni possono diventare disordinate e poco utili, ma collezioniamo amici come fossero beni, senza pensare a ciò che significano veramente per noi e a come influenzano il nostro benessere.

Riordinare significa fare un passo indietro e guardare veramente noi stessi. Non è sempre facile, ma è un primo e importante passo verso la scoperta di ciò di cui abbiamo veramente bisogno nella vita e l'eliminazione di tutto il resto. Non è un processo da eseguire una tantum, ma un nuovo modo di vivere e pensare alla propria vita. Il riordino può aiutarti a vivere una vita più soddisfacente e a realizzare l'eccellenza in tutto ciò che fai.

Sei pronto a fare il primo passo?

# IL TUO REGALO

Vorremmo farti un regalo per ringraziarti di aver acquistato questo libro. Puoi scegliere tra uno qualsiasi degli altri nostri titoli pubblicati.

Puoi avere accesso immediato a uno dei nostri libri cliccando il link qui sotto e iscrivendoti alla nostra mailing list:

https://campsite.bio/housepresspublishing

www.ingramcontent.com/pod-product-compliance
Lightning Source LLC
Chambersburg PA
CBHW051443150726
48000CB00005B/2227